Vanlife Cooking

Stephanie Rickenbacher & Lui Eigenmann

# Vanlife Cooking

## Das große Campervan- und Wohnmobil-Kochbuch

BRUCKMANN

# Inhalt

# Vorwort

Ein Abend auf einem Stellplatz mit Blick auf das Meer. Die Schiebetür des Campers weit offen, eine leichte Brise zieht ins Wageninnere. In der Nase der salzige Duft der scheinbar unendlichen Freiheit ... Das Einzige, was die Stimmung jetzt noch trüben könnte, ist Hunger. Ein leiser Feind, der jede Idylle beeinträchtigen kann, egal ob am Morgen, am Mittag oder Abend.

Mit unserem Kochbuch für alle, die wie wir das Camperleben lieben, schaffen wir Abhilfe. Ravioli aus der Büchse oder die zu weich gekochten Spaghetti mit Fertigsauce sind ab jetzt Geschichte, denn wir zeigen dir, wie du unterwegs genauso lecker kochen oder backen kannst wie zu Hause. Wie du zum Beispiel einen frisch gefangenen Fisch aus dem norwegischen Fjord oder eine vorzügliche Lasagne ganz leicht im Kochtopf zubereiten kannst. Oder wie die Abende am Campingtisch vor dem Wohnmobil oder das romantische Dinner mit Kerzenlicht im Bett perfekt werden.

In diesem Buch findest du Rezepte **für Spülfaule**. Maximaler Genuss und trotzdem nur wenig Geschirr zum Abwaschen, wir verraten dir, wie das geht. Es eilt? Kein Problem, mit den **Express**-Gerichten zauberst du Leckeres in maximal **30 Minuten** auf den Tisch. Du magst es lieber ohne Fleisch? Wir präsentieren dir auch viele **vegetarische** oder **vegane** Gerichte. Das Buch aber ganz besonders machen die **Reiseschmankerl**. Das sind unsere Lieblingsrezepte, die wir auf unserer dreijährigen Reise durch 45 europäische Länder gesammelt haben. Es warten Genüsse aus Griechenland, der Türkei oder Rumänien auf dich. Ganz einfach nachzukochen in deiner Campingküche.

Natürlich findest du auch ein ausführliches Kapitel darüber, was in deiner Camper- oder Wohnmobilküche nicht fehlen sollte und wie du Gewürze und deine Küchenausstattung unterwegs ganz einfach aufbewahren kannst.

Gaumengenuss für Anfänger oder Profis, Koch- und Backanleitungen für Groß und Klein: Mit diesem Buch bist du gerüstet für deinen nächsten Urlaub mit dem Reisemobil, für deine Roadtrips zu zweit oder mit der ganzen Familie auf den schönsten Strecken in Europa oder gar der Welt. Wir freuen uns, wenn wir dir deine Reise ein bisschen »schmackhafter« machen und zu schönen Abenden sowie vielen kulinarischen Überraschungen beitragen können. Keine Angst, Kochen im Camper ist unkompliziert. Man muss es einfach nur machen und wir sagen dir, wie.

Guten Appetit unterwegs wünschen
Steffi & Lui

# Die Küchen-ausstattung im Reisemobil

Die Küche in unseren rollenden Gefährten ist wohl einer der unterschiedlichsten Bereiche der Campingwelt. Das Spektrum reicht von Wasser aus PET-Flaschen und kleinem mobilen Gaskocher bis hin zum Backofen, XXL-Kühlschrank und 3-Flammen-Herd. Doch nicht nur die Küchengeräte unterscheiden sich, auch die Ausstattung. Wer schon an der oberen Grenze des Gesamtgewichtes kratzt, muss zweimal überlegen, welche Teller und Töpfe mitsollen. Bei anderen Campingfahrzeugen limitiert der Platz die Ausstattung, noch mal andere haben bei beidem keine Einschränkung.

Bevor wir deshalb mit den Rezepten starten, schauen wir erst mal, welche Küchenausstattungen es gibt, wie auf Reisen gebacken werden kann, welche Multitalente es unter den Küchenhelfern gibt und was als Basisausstattung an Lebensmitteln sowie Gewürzen mit auf Tour kommen sollte.

# Was brauchst du in der Camper-Küche und welche Materialien eignen sich?

Teller, Besteck, Pfannen und Töpfe – damit eine Camper-Küche für die alltäglichen Ansprüche gewappnet ist, braucht es einiges an Ausrüstung. Welche Ausstattung für wen sinnvoll ist, wie viele Ausführungen pro Sorte praktisch sind sowie die Vor- und Nachteile der unterschiedlichen Materialien sehen wir uns jetzt an.

## Geschirr: Teller, Schüsseln und Schalen

| | | | |
|---|---|---|---|
| ★ minimalistisch | 1 **großer Teller*** pro Person | 1 **Schale** pro Person | |
| ★★★ komfortabel | 1 **kleiner** + 1 **großer Teller** pro Person | 2 **Schalen** pro Person | 2 **Schüsseln** pro Camper |

** Frühstücksteller lassen sich gut durch Servietten oder Küchenpapier ersetzen.*

Wie viel Geschirr du brauchst, zeigt dir unsere Übersicht. Um dir die Entscheidung zu erleichtern, zu welchen Materialien du beim Campinggeschirr greifst, stellen wir dir die wichtigsten kurz vor:

### Einwegteller und -schüsseln

Einweggeschirr ist eigentlich superpraktisch für alle Spülfaulen unter uns, doch haben Wegwerfartikel auch einen faden Beigeschmack was die Umweltressourcen betrifft. Von Plastik-Einweg bitte definitiv die Finger lassen, Alternativen gibt es aus Pappe oder Holz. Wobei auch hier die Umwelt klar unter dem »faulen Urlaub« leidet. Fällt aber beispielsweise der Geburtstag in den Urlaub und wird ein Fest gefeiert, kann Einweg ausnahmsweise mal Sinn machen. Ein Tipp: Findet das Fest unter Campern auf einem Campingplatz statt, bitte die Gäste einfach, ihr eigenes Geschirr mitzubringen. Wahre Camper machen das ohne Murren.

## Kunststoff- und Melamin-Geschirr

Die Materialien-Klassiker beim Campinggeschirr sind Hartkunststoff sowie Melamin. In Hunderten Farben und Formen gibt es ganze Sets zu kaufen. Die Vorteile liegen auf der Hand: Geschirr aus Melamin oder Kunststoff ist leicht, bruchsicher, lebensmittelecht und pflegeleicht. Doch ein großer Nachteil ist vielen nicht bewusst: Sämtliche Produkte mit Melaminharz darin (also auch Bambusfaser-Geschirr oder Ähnliches) haben eine Temperaturbeständigkeit bis maximal 70 Grad. Bei höheren Temperaturen werden die toxikologisch bedenklichen Inhaltsstoffe freigesetzt und an die Nahrung weitergegeben. Speisen, die aus kochendem Wasser kommen oder gerade schön scharf in der Pfanne angebraten wurden, sind heißer als 70 Grad. Tee und Kaffee sind es natürlich auch. Hier ist also höchste Vorsicht im Umgang geboten.

## Emaille

Das Wort Emaille stammt aus dem Französischen und heißt übersetzt »Schmelzglas«. Über einen Eisenkern wird bei rund 850 Grad ein glasähnlicher Grundstoff geschmolzen. So entsteht ein robuster und langlebiger Verbundstoff, den wir unter dem Namen Emaille kennen. Ist die Beschichtung intakt, geht von Emaille-Geschirr keine Gefahr aus. Sobald darin aber Risse oder tiefe Kratzer zu sehen sind, muss das Geschirr ersetzt werden. Deshalb solltest du Gegenstände aus Emaille nur mit einem weichen Tuch reinigen und nicht mit scheuernden Schwämmen.

Einen großen Nachteil von Emaille erlebten wir im Gebrauch: Der Teller wird bei heißen Speisen so heiß, dass er kaum anzufassen ist, kühlt dann aber viel zu schnell ab. Genauso verhält es sich mit Tee oder Kaffee in Emaille-Bechern.

## Porzellan und Glas

Was sich zu Hause bewährt, hat im Reisemobil eigentlich wenige Vorteile. Erst klapperts, dann zerbrichts und schwer ist Geschirr aus Porzellan oder Glas auch. Trotzdem fährt es bei uns im Campervan mit. Mit Gummiband an der Wand befestigt, ist uns auf Tausenden Reisekilometern noch nie etwas zerbrochen und aufs Gewicht müssen wir nicht schauen. Daher überwiegt für uns der Komfort »echten« Geschirrs auch auf Reisen. Unser Tipp: Wer sowieso zu Hause Geschirr aussortiert, kann dieses gut mit auf Reisen nehmen. Geht was kaputt, ist es halt so. Das einzige Argument gegen Porzellan und Glas ist für uns tatsächlich das Gewicht.

Übrigens gibt es bruchsicheres Campinggeschirr aus Glas, das auch heftige Stöße abkönnen soll. Haben wir noch nie ausprobiert – der Anschaffungspreis hat es in sich –, ist aber sicherlich eine spannende Alternative.

## Besteck und Messer

| | | | |
|---|---|---|---|
| ★ minimalistisch | je 1 Messer, Gabel Tee- + Esslöffel pro Person | 1 Brotmesser pro Bus | 1 Küchenmesser pro Bus |
| ★★★ komfortabel | je 2 Messer, Gabeln, Tee- + Esslöffel pro Person | 1 Brotmesser pro Bus | 1 gezacktes + 2 gerade Küchenmesser pro Bus |

Auch beim Material von Besteck gilt: Einwegartikel aus Plastik sollten vermieden werden! Aus Holz sind sie zu speziellen Anlässen mal empfehlenswert, doch generell isst es sich am angenehmsten mit »echtem« Besteck.

## Trinkgefäße

| | | | |
|---|---|---|---|
| ★ minimalistisch | 1 **Becher / Glas** pro Person | 1 **Weinglas** pro Person | 1 **Tasse** pro Person |
| ★★★ komfortabel | 2 **Becher / Gläser** pro Person | 1 **Weinglas** pro Person | 2 **Tassen** pro Person |

Becher lassen sich platzsparend stapeln und sind in der Kunststoffvariante sehr leicht. Daher raten wir jedem, genügend Becher einzupacken. Doch auch hier scheiden sich die Geister, schließlich ist das Trinken aus Gläsern ansprechender. Speziell für Wein oder Aperitif tendieren die meisten von uns zu Glas. Allerdings ist die Bruchgefahr bei Glas hoch und Gläser brauchen viel Platz im Schrank. Clevere Tüftler haben dafür eine Lösung entwickelt: Magnetgläser! In den Boden des Glases eingearbeitete Magnete halten die Gläser an Ort und Stelle – dank magnetischem Untersetzer sogar auf dem wackligen Campingtisch. Wir haben solche Wein- sowie Longdrinkgläser selbst schon Hunderte Kilometer mit dabei und sind echt begeistert.

Weitere viel diskutierte Trinkgefäße sind Tassen. Der Kaffee am Morgen ist bei vielen Menschen ein wichtiges Ritual, da muss auch die passende Tasse her. Hartplastik oder Melamin versagen hier ganz klar wegen der Temperatur-Obergrenze von 70 Grad. Emaille-Tassen sind richtig hübsch, können jedoch gefüllt mit Heißgetränken kaum angefasst werden und lassen den Inhalt anschließend sehr schnell kalt werden. Zudem mögen wir persönlich den gebogenen Rand beim Trinken nicht. Porzellan ist in puncto Trinkkomfort unschlagbar, doch natürlich wiederum schwer und zerbrechlich. Den für uns besten Spagat zwischen Trinkkomfort, Gewicht und Stabilität machen doppelwandige Edelstahltassen. Kalte Getränke bleiben lange kalt, heiße dafür heiß und die Hände spüren dank der speziellen doppelwandigen Verarbeitung davon nichts.

## Pfannen & Töpfe

| | | | |
|---|---|---|---|
| ★ minimalistisch | 1 **Kochtopf mit Deckel** pro Bus | 1 **Bratpfanne** pro Bus | 1 **Kochlöffel oder Pfannenwender** pro Bus |
| ★★★ komfortabel | 2 **Kochtöpfe mit Deckel** pro Bus | 2 **Bratpfannen** pro Bus | 1 **Kochlöffel und** 1 **Pfannenwender** pro Bus |

Im Reisemobil ist die häufigste Kocherart Gas. Dafür sollten die Pfannen und Töpfe ausgelegt sein. Bei Kochgeschirr aus dem Campingbereich lassen sich oftmals die Griffe abnehmen, damit sie platzsparend verstaut werden können. Häufig sind es Alutöpfe, die sehr wenig Gewicht mitbringen. Den Luxus einer Beschichtung sollte man sich aber unbedingt gönnen, das Abspülen fällt deutlich leichter und auch das Kochen macht mehr Spaß, wenn nicht alles anhängt.

Zu den Töpfen und Pfannen gehören natürlich auch entsprechende Kochlöffel und Pfannenwender. Kunststoff oder noch besser Holz ist hier die beste Wahl.

## Diverses

Geschirr, Besteck, Trinkgefäße sowie Pfannen und Töpfe sind im Camper verstaut, somit hast du die wichtigsten Dinge dabei. Jetzt kommt all der Kleinkram, der nur zu gerne vergessen und dann schmerzlich vermisst wird. Ob du die folgenden Gegenstände brauchst hängt davon ab, wie intensiv du unterwegs kochst oder backst. In kleinen Küchen muss zudem der maximale Stauraum beachtet werden. Wir unterscheiden deshalb zwischen »Das muss unbedingt noch mit« und »Pack es ein, wenn du kannst«.

### ★ Packliste minimalistisch

- ✓ Spülmittel, 2–3 Schwämme, Stahlschwamm oder Bürste, Spülschüssel, zwei Geschirrtücher
- ✓ Schneidebrett aus Holz (auch als Untersetzer praktisch)
- ✓ Messbecher mit Anzeige für Liter sowie für Mehl und Zucker in Gramm
- ✓ Taschenmesser mit Korkenzieher, Flaschen- sowie Dosenöffner, Schere
- ✓ Küchenpapier
- ✓ Alufolie oder Wachstücher
- ✓ Aufbewahrungsdose(n) für Reste
- ✓ Feuerzeug oder Streichhölzer
- ✓ Trinkflasche zum Wiederauffüllen für Ausflüge

### ★★★ Packliste komfortabel

- ✓ Topflappen – zur Not nimm Handtücher
- ✓ Schneebesen – Idee siehe »Küchengeräte mit Mehrwert«
- ✓ Sieb: klein und feinmaschig
- ✓ Reibe: grob und fein
- ✓ zusätzliches Schneidebrett aus Kunststoff für bessere Hygiene
- ✓ Backpinsel
- ✓ Küchenwaage
- ✓ Knoblauchpresse
- ✓ Teigschaber für Bäcker/innen
- ✓ als Erweiterung zum Taschenmesser: Dosenöffner, Schere, Korkenzieher
- ✓ Gemüseschäler
- ✓ Fleischthermometer: für Fleisch sowie Omnia-Gerichte (siehe »Backen auf Reisen«)

COMEWITHUS2

olá
OPEL
Feuerdesign

## Backen auf Reisen: Wie geht das?

Kaum ein Reisemobil hat einen Backofen eingebaut. Für den zweiwöchigen Urlaub kann oft darauf verzichtet werden, länger halten zumindest wir es nicht ohne aus. Frisches Brot, Pizza, Auflauf, Kuchen – der Ofen steht für Gaumenschmaus pur. So ist einer der Gründe, warum wir uns nun selbst einen Campervan ausbauen, dass wir einen Backofen installieren können. Doch es gibt auch andere Lösungen, die sehr zufriedenstellende Ergebnisse liefern:

### Elektrobackofen

Etwa in Mikrowellengröße gibt es im Handel kleine Backöfen zu kaufen. So einen hatten wir selbst ein gutes Jahr mit auf Reisen und häufig genutzt. Klar, es braucht einen Landstromanschluss zum Beispiel auf einem Campingplatz dazu. Doch wer den Platz und die Gewichtsreserven hat, warum nicht?

## Über dem Feuer: Dutch oven und Co.

Mittels einer gusseisernen Pfanne mit Deckel – dem Dutch oven beispielsweise – lässt sich über dem offenen Feuer nicht nur schmoren, sondern auch backen. Wer die Technik des Kohle-auf-den-Deckel-Gebens einmal verinnerlicht hat, kann damit gute Ergebnisse erzielen. Der Topf ist allerdings schwer und sperrig, dafür verheißt er Lagerfeuerromantik pur.

Aus zwei unterschiedlich großen Töpfen kannst du dir auch selbst einen Ofen bauen. In den größeren füllst du Wasser ca. 3–5 cm hoch ein, legst drei bis vier gleich große Steine hinein und stellst den kleineren Topf mit dem Backgut darin auf die Steine. Deckel und heiße Steine drauf (gelegentlich wechseln) und ordentlich einheizen, dann gelingen auf diese Weise tolle Speisen.

## Omnia-Backform

Am kleinsten, leichtesten und einfachsten ist mit Sicherheit die Omnia-Backform aus Schweden – geeignet für Gasflamme, Campingkocher oder Herdplatte. Sie besteht aus einem Untersetzer, darauf kommt eine Aluform mit Loch in der Mitte, wahlweise kann eine Silikonform (einfacher zu reinigen als die Aluform) oder ein Aufbackgitter hineingelegt werden, und obendrauf kommt der Deckel.

Der Untersetzer verhindert das Anbrennen unten, durch das Loch strömt zudem Hitze in die Form, die vom Deckel von oben ans Gargut weitergegeben wird. Unsere Erfahrung zeigt, dass mit rund ⅔ Unter- und ⅓ Oberhitze gerechnet werden kann.

Nach etwas Übung gelingen im Omnia alle Rezepte, die auch im heimischen Backofen gebacken werden. Im Kapitel »Aus dem (Omnia-)Backofen« findest du mehrere Rezepte inklusive Backanleitung für den Omnia. Angaben für Gas- bzw. Elektroofen natürlich auch, solltest du keinen Omnia haben.

## Pfannen-Alternativen

Sagt dir keine der genannten Backofenformen zu oder hast du keinen Platz in deinem Fahrzeug dafür, gibt es Alternativen. Auch wir haben einige davon schätzen gelernt und geben sie dir gerne weiter. Du findest in diesem Buch eine Express-Lasagne aus der Pfanne (Seite 61), eine Pfannen-Pizza (Seite 89) oder einen Pfannen-Burek (Seite 122).

# Küchengeräte mit Mehrwert

Je weniger Platz in einem Reisegefährt ist, desto wichtiger wird es, dass die mitgenommenen Dinge einen echten Mehrwert bieten. Vielseitig einsetzbar sollen sie sein, möglichst klein und trotzdem wahre Helfer. Drei Geräte wollen wir dir hier vorstellen, die ohne Strom arbeiten und dir richtig viel Arbeit in der Küche abnehmen.

## Küchenhäcksler

Einmal ziehen, grob gehackt – und spätestens nach drei oder vier Vorgängen ist alles klein. Weichgekochtes kann sogar püriert werden. Manuelle Küchenhäcksler mit Zugschnur sind eine wahre Erleichterung beim Kleinschneiden von Gemüse aller Härtestufen, Käse, Nüssen oder Früchten. Wer viel mit frischen Zutaten kocht, für den ist so ein kleiner Helfer Gold wert.

## Gemüseschäler & Küchenmesser in einem

Warum sich auf eine Klinge beschränken, wenn doch zwei am selben Gerät Platz finden? Daher haben wir einen Gemüseschäler, der auf der einen Seite eine flache Klinge zum Schälen von Karotten, Kartoffeln etc. hat und auf der anderen Seite schneidet er das Gemüse dicker und gleich in feine Streifen. So sind beispielsweise Pommes allumettes – also die ganz feinen Fritten – superschnell aus ganzen Kartoffeln gemacht. Auch Karottensalat oder Rote-Bete-Salat ist ruckzuck geschnitten.

## Handquirl

Ja, wir gestehen, wir backen und kochen wirklich viel auf Reisen. Entsprechend oft ist der Schneebesen im Einsatz. Und noch ein Geständnis: Bisher hatten wir sogar einen elektrischen Handmixer mit dabei. Trotzdem wollten wir mal einen mechanischen Quirl ausprobieren und schon nach wenigen Anwendungen hat er sich in unser Herz geschwungen. Denn bis das elektrische Gerät einsatzbereit ist, ist die Sahne mit dem Handquirl schon steif. Auch Eischnee, Saucen oder Kuchenteig packt er locker – und da wir sowieso einen Schneebesen mitnehmen würden, können wir auch gleich den Handquirl einpacken.

# Würzige Sache: Welche Gewürze und Kräuter sollten mit?

Zum Kochen braucht es Gewürze. Das Platzangebot des Wohnmobils entscheidet auch hier oft über die Gewürzvielfalt auf Reisen. Doch wer es richtig anstellt, kriegt in das kleinste Fach viele verschiedene Gewürze rein.

## Aufbewahrung von Gewürzen

Im Supermarkt gibt es sie in einheitlichen runden Gläsern oder Plastikdosen. Doch platzsparender wären rechteckige Gefäße. Schau mal im Drogeriemarkt bei den Mini-Kosmetikflaschen für Flugreisen, die du leer kaufen kannst. Ein Supertipp ist auch die Tic-Tac-Verpackung. Sie ist perfekt stapelbar, hat eine tolle Größe für Gewürze und ist wiederverschließbar. Alternativ findest du zum Beispiel im großen schwedischen Einkaufshaus magnetische Gewürzdosen, die du mittels Magnetstreifen an den Schrankwänden befestigen kannst.

## Gewürze und Kräuter: Grundausstattung und Erweiterung

★ **Gewürze minimalistisch**

- ✓ Salz
- ✓ Pfeffer
- ✓ Paprika edelsüß
- ✓ Knoblauchpulver
- ✓ Chiliflocken oder Cayennepfeffer
- ✓ Brühwürfel: Gemüse und Fleisch

★★★ **Gewürze komfortabel**

- ✓ Muskat (gemahlen oder gerne als Nuss, dann brauchst du eine Reibe)
- ✓ mildem Currypulver (die Schärfe dosierst du mit Chili)
- ✓ Paprika rosenscharf
- ✓ Zimtpulver
- ✓ Senfsamen
- ✓ Koriandersamen
- ✓ Kurkuma

★★★ **Getrocknete Kräuter komfortabel**

- ✓ Oregano
- ✓ Basilikum
- ✓ Petersilie

## Frische Kräuter im Reisemobil

Bei uns fährt immer ein Kräutertopf mit. Oft ist es Basilikum, manchmal auch Petersilie oder Schnittlauch. Dafür haben wir Kunststoffbehälter (eine große leere Konservendose geht aber auch!) in der Küche festgeschraubt und stellen den Topf da rein. Frische Kräuter sind toll in Gerichten, sie sind schön fürs Auge und sie verströmen einen angenehmen Frischeduft. Zudem überlebt bei uns Basilikum im Campervan direkt hinter der Scheibe viel besser als zu Hause. Soll noch einer diese Pflanze verstehen …

## Eigene Kräutermischungen und Würzpasten

Keine Lust auf Fertigbrühe und Einheitsgewürz? Eigene Gewürzmischungen sowie Würzpasten lassen sich bequem zu Hause vorbereiten und selbst Pasten sind teilweise mehrere Monate haltbar. Zwei Würzpasten, die bei uns fast immer mitfahren und sehr einfach zubereitet werden können, sind eine Gemüsepaste als Brühe-Ersatz sowie eine scharfe Würzpaste für Curry, Nudeln und Co.

# Scharfe Würzpaste

à 100 ml | 30 Min | Express | vegetarisch | für Spülfaule

### Zutaten

5 Knoblauchzehen
1 Zwiebel
1 EL Butter
8 rote Chilis
2 EL Aceto balsamico
2 EL Sojasauce
1 EL Fischsauce
1 EL brauner Zucker
½ TL Koriandersamen, gemahlen
etwas Ingwer
½ TL Kreuzkümmel, gemahlen
½ TL Salz

Knoblauch und Zwiebel schälen, hacken und in Butter anbraten. Chili klein hacken, für besondere Schärfe Kerne behalten. Alle Zutaten zu der Zwiebel-Knoblauch-Mischung geben und 15 Minuten köcheln lassen. In ein ausgekochtes Einmachglas füllen. Die Paste ist mindestens zwei Monate haltbar.

# Gemüsepaste

à 250 ml | 15 Min | Express | vegan | für Spülfaule

### Zutaten

250 g Gemüse: Karotte, Lauch, Knollensellerie, Zwiebel, Petersilie
50 g Salz

Gemüse waschen, Zwiebel schälen, alles klein schneiden und pürieren. Salz dazugeben – fertig! Es ist viel Salz, da es auch zur Konservierung dient. In abgekochten Einmachgläsern hält sich die Paste mehrere Monate. Bei Verwendung etwas weniger nehmen als von Brühwürfeln, weil die Paste salzhaltiger ist.

# Die Lebensmittel-Grundausstattung eines Reisemobils

Vorweg: Wir halten nichts davon, den Camper daheim mit Konserven zu füllen, damit man im Reiseland nicht einkaufen muss. Doch ein gewisser Grundstock an Lebensmitteln macht durchaus Sinn. Für die ersten beiden Tage haben wir jeweils Essen dabei, damit wir in Ruhe anreisen und ankommen können. Dann aber gehören für uns Bauernmärkte, Supermärkte und am liebsten Straßenverkäufer genauso zum Reiseerlebnis dazu wie Sehenswürdigkeiten oder Aktivitäten.

### Lebensmittel-Basics

- ✓ Zwiebeln (nimm kleinere, damit möglichst keine Reste entstehen)
- ✓ Knoblauchknolle
- ✓ Sonnenblumen- oder Olivenöl
- ✓ Kräuter- oder Weißweinessig
- ✓ Aceto balsamico
- ✓ Zucker
- ✓ Mehl
- ✓ Trockenhefe
- ✓ 1 Packung Nudeln
- ✓ 1 Packung Reis
- ✓ Frühstücksflocken oder Müsli nach Belieben
- ✓ Butter
- ✓ Frühstück nach Belieben*: Marmelade, Honig, Nuss-Nougat-Aufstrich, Kakaopulver, Käse, Aufschnitt, würzige Aufstriche
- ✓ Reiseproviant nach Belieben*: Brötchen, Sandwich-Belag (Käse, Schinken etc.), Früchte
- ✓ Trinkwasser*
- ✓ Kaffeebohnen/-pulver
- ✓ Milch*
- ✓ alkoholische Getränke nach Belieben*

**für die ersten zwei Tage*

Nun kennst du unsere Tipps und Tricks zur Küchenausstattung für unterwegs. Allerhöchste Zeit, gemeinsam den eingepackten Kochlöffel zu schwingen!

100
1,50
0,50
100
UND
0,50

# Rezeptideen aus dem Wohnmobil

# Kalte Gerichte

# Zweierlei Frühstück: Croissants mit Ricottacreme & Birchermüesli

4 Croissants + 2 Müesli | 25 Min | Express | vegetarisch | für Spülfaule

### Für die Ricottacreme

200 g Himbeeren
500 g Ricotta
6 EL Zucker
1 Vanilleschote

### Für das Birchermüesli

150 ml Milch
150 g Haferflocken
etwas Zimt
½ Apfel, klein geschnitten

### Für die Croissants

4 Croissants
1 Ei
1 Prise Salz

**1** Für die Ricottacreme die Himbeeren vorsichtig waschen. Ein paar besonders schöne auf die Seite legen, den Rest mit einer Gabel zerdrücken. Dann alle Zutaten für die Creme mischen und die Masse auf zwei Schüsseln gleichmäßig verteilen.

**2** In eine der Schüsseln mit der Ricottacreme die Zutaten für das Birchermüesli geben, alles gut vermischen und in den Kühlschrank stellen. Ergibt das Frühstück für den nächsten Tag und kann mit den zur Seite gelegten Himbeeren serviert werden. Das Müsli ist gekühlt 2–3 Tage haltbar.

**3** Die Croissants an der Innenseite aufschneiden und mit der Öffnung nach oben auf den Rost in den Omnia legen. Die zweite Portion Ricottacreme mit Ei und Salz mischen und die Masse auf den Croissants verteilen. Den Omnia-Deckel drauf und alles rund 15 Minuten bei ungefähr $^2/_3$ Flamme backen (Elektro 15 Minuten bei 200 Grad / Gas 15 Minuten bei Stufe 4).
Die Croissants etwas auskühlen lassen und mit je einer Himbeere verziert servieren.

**Wenn du keine Vanilleschote zur Hand hast, kannst du sie durch Vanillezucker ersetzen. Die Zuckermenge dann entsprechend reduzieren.**

# Schinken-Sandwich mit Camembert

2 Sandwiches | 15 Min | Express | für Spülfaule

## Zutaten

1 TL Senfkörner
2 EL Wasser
2 TL Honig
1 TL Essig, z. B. Apfelessig
1 Prise Salz
2 Stücke Baguette
etwas Salat
½ Camembert
4 Scheiben Parmaschinken
einige getrocknete Tomaten

1 Die Senfkörner grob mahlen und mit Wasser, Honig, Essig und Salz zu einer Paste mischen.

2 Baguette aufschneiden und die Honig-Senf-Paste auf Böden und Deckel streichen.

3 Den Salat waschen, trocken schütteln und auf die Böden geben. Camembert in schmalen Streifen drauflegen, dann je Sandwich zwei Schinkenscheiben und einige getrocknete Tomaten.

# Veggi-Sandwich

2 Sandwiches | 10 Min | Express | vegetarisch | für Spülfaule

## Zutaten

½ Avocado
¼ Salatgurke
etwas Salat
6 Walnüsse
etwas Basilikum
4 EL körniger Frischkäse (Hüttenkäse)
1 Prise Salz
etwas Pfeffer
2 Vollkornbrötchen
etwas Butter

1 Avocado und Salatgurke in Scheiben schneiden, den Salat waschen und trockenschütteln.

2 Die Walnüsse und das Basilikum fein hacken, mit körnigem Frischkäse mischen und mit Salz sowie Pfeffer würzen.

3 Die Brötchen aufschneiden und mit Butter bestreichen. Salat, Avocado- sowie Gurkenscheiben draufgeben und alles mit der Frischkäsemischung bestreichen.

# Tatjanas Nudelsalat

2 Portionen 20 Min Express vegetarisch

Tatjana und ihre Familie haben wir zunächst ganz zufällig mehrmals auf unseren Reisen getroffen. Mittlerweile planen wir unsere gelegentlichen Zusammentreffen. Unterwegs durften wir auch den Nudelsalat der zweifachen Mutter probieren und fanden ihn so lecker, dass wir ihn dir nicht vorenthalten möchten. Danke, Tatjana!

### Für den Salat

200 g Vollkornnudeln
½ Avocado
80 g Feta
50 g Cherrytomaten (ca. 5 St.)
50 g getrocknete Tomaten
etwas Rucola
50 g Cashewnüsse

### Für das Dressing

3 EL Olivenöl
2 EL Aceto balsamico
½ TL Senf
½ TL Ketchup
1 EL griechischer Joghurt
etwas Chiliflocken
etwas Paprikapulver edelsüß
etwas Salz & Pfeffer

1 Für den Salat die Nudeln bissfest kochen und kalt abschrecken.

2 Avocado, Feta und Tomaten klein schneiden. Rucola waschen und ausschütteln. Cashewnüsse grob hacken und ohne Öl rösten. Alles mit den kalten Nudeln mischen.

3 Alle Zutaten für das Dressing mischen und das Dressing abschmecken. Über den Nudelsalat geben und gut vermengen.

**Der Nudelsalat eignet sich auch sehr gut als Gipfelverpflegung auf Wanderungen.**

# Garnelensalat in Avocado

2 Portionen · 15 Min · Express · für Spülfaule

### Zutaten

1 große Avocado
etwas Limettensaft
150 g gekochte Garnelen
1 kleine Zwiebel
½ Bund Schnittlauch
1½ EL Crème fraîche (oder Schmand)
etwas Salz & Pfeffer

1 Die Avocado halbieren, den Stein entfernen und beide Hälften vorsichtig aushöhlen. In die Schalen etwas Limettensaft tröpfeln, damit die Reste darin nicht braun werden – die Schalen werden noch benötigt. Das Avocadofleisch klein schneiden.

2 Die gekochten Garnelen von allen Schalen befreien und ebenfalls klein schneiden – zwei schöne Garnelen im Ganzen zur Seite legen. Zwiebel und Schnittlauch klein hacken.

3 Avocadofleisch, Garnelenstücke, Zwiebeln und Schnittlauch mit der Crème fraîche vermischen. Etwas Limettensaft dazutröpfeln und alles mit Salz und Pfeffer abschmecken.

4 Die Masse in die zwei Avocadoschalen verteilen. Die beiden ganzen Garnelen in wenig Öl anbraten und als Dekoration auf das Garnelen-Tatar geben.

**Dazu passt: Kräuterbrot (Rezept Seite 130), Fladenbrot oder Tortilla-Chips.**

comewahus2.com

# Quinoa-Tatar mit Tsatsiki

2 Portionen als Vorspeise | 20 Min | Express | vegetarisch

### Für das Quinoa-Tatar

50 g Quinoa
150 ml Wasser
½ TL Salz
100 g Cherrytomaten
2 EL Olivenöl
1 EL Aceto balsamico
1 Prise Salz
etwas Petersilie
etwas Pfeffer

### Für das Tsatsiki

¼ Salatgurke
1 Prise Salz
4 EL griechischer Joghurt
1 EL Essig
½ Knoblauchzehe
etwas Schnittlauch

1 Für das Quinoa-Tatar in einem Kochtopf Quinoa, Wasser und einen halben Teelöffel Salz zum Kochen bringen. Die Hitze reduzieren und auf kleiner Flamme köcheln lassen, bis alle Flüssigkeit aufgesogen ist (ca. 10 Minuten).

2 Die Tomaten waschen und würfeln. Mit Olivenöl, Balsamico, einer Prise Salz, gehackter Petersilie sowie etwas Pfeffer mischen.

3 Für das Tsatsiki die Gurke waschen und raspeln. Eine Prise Salz darübergeben und die Gurke nach ein paar Minuten ausdrücken. Gurke mit Joghurt, Essig, zerdrücktem Knoblauch und Schnittlauchröllchen vermischen. Traditionell wird übrigens Dill anstelle des Schnittlauches verwendet – wir mögen aber keinen Dill.

4 In einen Portionierring oder eine Schale abwechselnd eine Schicht Quinoa, dann Tomaten, wieder Quinoa und nochmals Tomaten geben. Das Quinoa-Tatar mit dem Tsatsiki servieren.

**Für eine vegane Variante einfach griechischen Sojajoghurt verwenden und einen vegan verarbeiteten Aceto balsamico wählen.**

# Thunfisch-Tatar

2 Portionen als Vorspeise | 15 Min | Express | für Spülfaule

## Zutaten

150 g Thunfisch (Sushi-Qualität)
80 g Zucchini
1 Apfel
1 EL Erdnussöl
1 EL Olivenöl
1 EL Teriyaki-Sauce
1 EL Sojasauce
etwas Limettensaft
etwas Chili
etwas Salz & Pfeffer

1 Den Thunfisch würfeln. Zucchini und Apfel waschen, putzen und raffeln oder häckseln. Ein paar Apfelschnitze zur Dekoration auf die Seite legen.

2 Öle, Saucen, Limettensaft sowie Gewürze vermengen und mit Zucchini sowie Apfel mischen.

3 In den Portionierring oder eine Schale erst die Zucchini-Apfel-Mischung geben, dann den Thunfisch obendrauf setzen und mit den Apfelschnitzen dekorieren.

Hast du kein Erdnussöl, einfach ca. 5 Erdnüsse im Mörser zerstoßen und mit einem Esslöffel Olivenöl verrühren.
Teriyaki-Sauce kannst du durch Sojasauce ersetzen, vermischt mit 1 Prise Zucker, wenig Ingwer und etwas Knoblauch.
Als Beigabe zum Thunfisch-Tatar geröstete Toastbrotscheiben reichen.

# Spanische Gazpacho

2–3 Portionen | 25 Min | Express | vegan | für Spülfaule | Spanien

Steffi lebte über ein halbes Jahr in Málaga. Kam die Mutter ihrer Mitbewohnerin zu Besuch, gab es immer Gazpacho. So haben wir die erfrischende Suppe in einem heißen andalusischen Sommer kennen- und lieben gelernt.

### Für die Suppe

600 g reife Tomaten
¼ Salatgurke
½ grüne Paprika
½ Zwiebel
1 Knoblauchzehe
1 TL Essig
100 ml Olivenöl
etwas Salz & Pfeffer

### Für die Einlage

½ grüne Paprika
¼ Salatgurke
½ Zwiebel
2 Toastbrotscheiben
2 EL Olivenöl

1 Die Tomaten schälen (mit kochendem Wasser übergießen, dann geht die Haut ganz leicht ab) und mit Gurke, Paprika, geschälter Zwiebel, gepresster Knoblauchzehe, Essig und Olivenöl fein pürieren oder häckseln. Mit Salz und Pfeffer abschmecken. Die Suppe für mindestens eine Stunde kalt stellen.

2 Für die Einlage das Gemüse klein würfeln. Das Toastbrot grob würfeln und im Olivenöl rösten.

3 Die Gazpacho wird kalt gegessen, die Einlage kommt erst kurz vor dem Servieren in die Suppe.

# Tomaten-Bruschetta

6 Bruschette | 15 Min | Express | vegan | für Spülfaule | Italien

Schon immer gehörten Bruschette als Vorspeise für Lui zum Restaurantbesuch beim Lieblingsitaliener dazu. Unterwegs durch Italien haben wir dann gelernt, dass es die knusprigen Brötchen regional mit unterschiedlichen Belägen gibt.

## Zutaten

6 kleine Brotscheiben
1 Knoblauchzehe
3 Tomaten
½ Bund Basilikum
1 Zwiebel
etwas Salz & Pfeffer
3 EL Olivenöl

1 Die Brotscheiben auf dem Grill oder in der Pfanne rösten. Die Knoblauchzehe über das noch heiße knusprige Brot reiben. Knoblauch würzt sehr intensiv: zweimal darüberreiben für einen milden, fünfmal für intensiven Geschmack.

2 Die Tomaten waschen und klein schneiden, dabei das weiche Kerngehäuse entfernen. Das Basilikum bis auf einige schöne Blätter klein schneiden. Die Zwiebel klein hacken. Zwiebel, Tomaten und Basilikum mischen, mit Salz und Pfeffer würzen.

3 Die Tomatenmasse auf die Brotscheiben verteilen und mit dem Olivenöl beträufeln. Ganze Basilikumblätter als Dekoration auf den Brötchen platzieren.

**Bei Bruschette gilt: Je hochwertiger die Zutaten, desto besser sind die Bruschette. Also sonnengereifte Tomaten wählen, hochwertiges Olivenöl, frisches Basilikum und frisch gemahlenen Pfeffer! Bruschette können mit vielen weiteren oder anderen Zutaten belegt werden. Oliven, eingelegte Sardellen, Mozzarella oder geschmorte Pilze sind nur einige Verfeinerungstipps.**

# Luis Sushi-Schüssel

2 Portionen 40 Min

Lui liebt Sushi! Nun ist es unterwegs manchmal etwas aufwendig, Maki, Nigiri, Sashimi und wie sie alle heißen selbst zu machen. So sind wir auf die Idee der Sushi-Schüssel gekommen und siehe da, sie überzeugt unseren Sushi-Experten.

## Zutaten

4 EL Reisessig
2 EL Zucker
1 TL Salz
200 g Sushi-Reis
200 ml Wasser
½ rote Paprika
¼ Salatgurke
300 g Lachsfilet (Sushi-Qualität)
½ Avocado
etwas Limettensaft
¼ TL Wasabi-Paste
½ TL brauner Rohrzucker
60 ml Sojasauce
etwas eingelegter Sushi-Ingwer
1 EL Sesam

1 Für den Sushi-Zu (Würzmischung für den Sushi-Reis) den Reisessig mit dem Zucker und dem Salz im Topf erhitzen, bis sich die Kristalle aufgelöst haben. Achtung, nicht kochen lassen. Beiseitestellen.

2 Den Sushi-Reis unter kaltem Wasser waschen und in 200 ml leicht gesalzenem Wasser zugedeckt zum Kochen bringen. Ca. 15 Minuten zugedeckt köcheln (Packungsbeilage beachten), dann Sushi-Zu unterrühren und den Reis mit einem feuchten Tuch bedeckt zur Seite stellen.

3 Das Gemüse waschen und klein schneiden, den Lachs in Scheiben schneiden. Das Avocadofleisch ebenfalls zerkleinern und mit Limettensaft beträufeln. Wasabi-Paste, Rohrzucker und Sojasauce vermischen.

4 Den Reis mit einer Gabel auflockern und auf zwei Schalen verteilen. Gemüse, Avocado, Lachs und Sushi-Ingwer darauf anrichten. Das Wasabi-Dressing darübergießen und alles mit Sesam bestreuen.

Mit etwas Thunfisch oder gekochten Crevetten lässt sich die Sushi-Schüssel erweitern. Das Gemüse kannst du um Karotten, Stangensellerie oder Edamame ergänzen.

# Vom Herd

# French-Toast-Rollen

6 Toasts · 20 Min · Express · vegetarisch

### Zutaten
6 Toastscheiben
4 Eier
100 ml Milch
etwas Salz
etwas Butter
etwas Zimtzucker

### Füllungen nach Belieben pro Rolle
1 EL Nougatcreme & 4 Erdbeeren
1 EL Ahornsirup & ⅓ Banane
2 EL Joghurt & 2 EL Heidelbeeren

1 Die Toastscheiben mit einer Teigrolle oder einem Glas platt walzen. Die Eier mit Milch und Salz verquirlen. Den Toast darin wenden und sofort in zerlassener Butter anbraten. Je nach gewünschter Füllung das Obst vorbereiten und klein schneiden.

2 Die Toasts mit Nougatcreme, Sirup oder Joghurt bestreichen und jeweils mit der Hälfte der Beeren bzw. Bananenstücke belegen. Die Toasts aufrollen, in Zimtzucker wenden und mit dem restlichen Obst zusammen servieren.

# Frühstücks-Tortilla

4 kleine Tortillas · 25 Min · Express

### Zutaten
150 g Champignons
½ Bund Schnittlauch
2 Eier
etwas Salz & Pfeffer
etwas Öl
4 Scheiben Schinken
4 Scheiben Käse
4 kleine Weizentortillas

1 Die Pilze putzen und in Scheiben schneiden. Den Schnittlauch waschen und klein schneiden. Die Eier verquirlen, mit Salz und etwas Pfeffer würzen und den Schnittlauch dazugeben.

2 Etwas Öl in einer Bratpfanne erhitzen. Rund ¼ der Ei-Masse in die Pfanne geben und ¼ der Pilze darauf verteilen. 1 Scheibe Schinken sowie 1 Käsescheibe darauflegen und zum Schluss 1 Tortilla. Alles nach ca. 3–4 Minuten vorsichtig wenden und nochmals kurz anbraten. Die Tortilla herausnehmen, mit dem Belag nach oben zusammenrollen und warm stellen. Die restlichen Tortillas genauso zubereiten.

# Shakshuka

2 Portionen | 35 Min | vegetarisch | für Spülfaule

## Zutaten

1 rote Paprika
1 Zwiebel
etwas Petersilie
2 kleine Chilischoten
200 g Tomaten
2 EL Olivenöl
1 Knoblauchzehe
1 Dose gehackte Tomaten
2 EL Tomatenmark
1 TL Paprikapulver
1 TL gemahlener Kreuzkümmel
etwas Salz & Pfeffer
4 Eier
100 g Feta

1 Paprika, Zwiebel, Petersilie, Chili sowie frische Tomaten putzen und klein schneiden. Die Petersilie für später zur Seite legen.

2 Öl in einer Pfanne erhitzen und Zwiebel, Chili sowie gepressten Knoblauch anbraten, dann Paprika und frische Tomaten dazugeben und für ein paar Minuten mitbraten. Zuletzt Dosentomaten, Tomatenmark, Paprikapulver und Kreuzkümmel hinzufügen. Alles gut mischen und 15 Minuten bei mittlerer Hitze köcheln lassen. Bei Bedarf etwas Wasser zugeben. Mit Salz und Pfeffer abschmecken.

3 Vier Mulden formen, die Eier in die Mulden aufschlagen und über dem gesamten Pfanneninhalt den Feta zerbröckeln. Über die Eier etwas Salz und Pfeffer geben. Die Pfanne zudecken und alles ca. 5 Minuten weiter köcheln. Das Eiweiß sollte danach gestockt, das Eigelb noch etwas flüssig sein.

4 Die Shakshuka zum Schluss mit Petersilie bestreuen und am besten direkt aus der Pfanne essen.

In der Ukraine wurde uns Fladenbrot zur Shakshuka gereicht, das passt hervorragend. Das Gericht stammt aber ursprünglich aus Nordafrika und ist daher kein ukrainisches Reiseschmankerl.

# Pilzschnitten

4 Schnitten · 15 Min · Express · vegetarisch · für Spülfaule

## Zutaten

400 g gemischte Pilze, z. B. Champignons, Pfifferlinge, Kräuterseitlinge etc.
1 Zwiebel
½ Bund Petersilie
1 EL Butter
4 Brotscheiben
1 Knoblauchzehe
50 ml Weißwein
100 ml Gemüsebrühe
200 ml Sahne
1 TL Speisestärke
½ TL Salz
etwas Pfeffer

1 Pilze, Zwiebel und Petersilie putzen und klein schneiden.

2 ½ EL Butter in einer Pfanne erhitzen und die Brotscheiben darin beidseitig rösten, herausnehmen.

3 Die restliche Butter in der Pfanne zerlassen und die Pilze andünsten, dann ebenfalls zur Seite stellen.

4 Zwiebel und gepressten Knoblauch in der Pfanne anschwitzen, mit Wein und Brühe ablöschen. Einköcheln, bis nur noch ca. zwei Esslöffel Flüssigkeit in der Pfanne sind. Die Sahne dazugeben und die Hitze reduzieren. Die Pilze mit Speisestärke bestreuen und zur Sahne geben. Petersilie hinzufügen und auf kleiner Flamme köcheln, bis die Sauce richtig eindickt.

5 Die Pilzmischung mit Salz und Pfeffer abschmecken, dann auf den Brotscheiben anrichten.

**Auf einer Wanderung durch die Wälder Polens hatten wir richtiges Sammlerglück: Wir fanden Pfifferlinge, Schopftintlinge sowie einen prächtigen Steinpilz. Daraus haben wir leckere Pilzschnitten gezaubert und einen gemischten Salat dazu gegessen. Aber Achtung: Beim Sammeln von Wildpilzen musst du dir hundertprozentig sicher sein bei der Artenbestimmung!**

# Italienische Express-Lasagne

2–3 Portionen · 30 Min · Express · für Spülfaule · Italien

Geschmacklich steht diese Topf-Lasagne der aus dem Ofen in nichts nach und ihr Vorteil ist: Sie ist in einem Bruchteil der Zeit zubereitet. Einzig die knusprige Kruste fehlt, da müsste schon ein Bunsenbrenner her.

## Zutaten

1 Zwiebel
1 Knoblauchzehe
80 g Champignons
1 Karotte
80 g Cherrytomaten
etwas Basilikum und Oregano (frisch oder getrocknet)
2 EL Olivenöl
250 g Rinderhackfleisch
1 Dose gehackte Tomaten (200 g)
2 EL Tomatenmark
300 ml Rinderbrühe
1 TL Zucker
200 g breite Nudeln
100 g Mozzarella
100 g Crème fraîche
etwas Salz & Pfeffer
etwas Parmesan

1 Zwiebel und Knoblauch klein schneiden. Pilze putzen und vierteln, Karotte schälen und raspeln. Die Cherrytomaten waschen, vierteln und flüssiges Inneres entfernen. Falls du frische Kräuter verwendest, diese waschen und klein schneiden.

2 Olivenöl im Kochtopf erhitzen und Zwiebel mit Knoblauch anbraten. Das Hackfleisch kurz mitbraten, dann Pilze, Karotte, Dosentomaten sowie das Tomatenmark hinzufügen. Mit Brühe ablöschen, den Zucker dazugeben und alles 10 Minuten leicht köcheln lassen.

3 Die Nudeln zum Hackfleisch geben und gemäß der Kochzeit auf der Packung kochen. Sicherstellen, dass die Nudeln gut mit Flüssigkeit bedeckt sind, gelegentlich umrühren. Sollte die Sauce zu dick werden, etwas Wasser oder Brühe nachschütten.

4 Den Mozzarella sehr fein schneiden und mit der Crème fraîche sowie Salz und Pfeffer mischen.

5 Kurz bevor die Nudeln gar sind, die Cherrytomaten sowie die Kräuter beigeben. Sind die Nudeln al dente, den Topf von der Flamme nehmen und ¾ der Crème-fraîche-Masse unterziehen. Auf Tellern anrichten und den Rest der weißen Masse als Dekoration über die Lasagne tröpfeln. Mit Parmesan bestreuen und servieren.

# Kürbissuppe ohne Pürierstab

2 Portionen | 40 Min | vegan | für Spülfaule

## Zutaten

400 g Kürbis, z. B. Muskat oder Hokkaido
1 Zwiebel
1 mehligkochende Kartoffel
1 Karotte
1 Stück Ingwer (ca. 2 cm)
1 Chilischote
2 EL Sonnenblumenöl
300 ml Wasser
½ TL Salz
etwas Pfeffer
1 Rosmarinzweig
1 Lorbeerblatt
300 ml Kokosmilch
etwas Kurkumapulver

1 Den Kürbis waschen, die Kerne und je nach Sorte auch die Schale entfernen. Das Kürbisfleisch in ca. 2 cm große Würfel schneiden. Die Zwiebel schälen und grob hacken. Kartoffel und Karotte schälen und in ca. 1 cm große Stücke schneiden. Den Ingwer schälen (mit einem Löffel Schale abkratzen) und klein schneiden. Die Chilischote klein schneiden und je nach gewünschtem Schärfegrad mit oder ohne Kerne bereitlegen.

2 Das Öl in einem Topf erhitzen und die vorbereiteten Zutaten hineingeben. Etwa 5 Minuten andünsten, dann mit Wasser ablöschen. Salz, Pfeffer, Rosmarinzweig und Lorbeerblatt hinzufügen und aufkochen. Zugedeckt rund 20 Minuten auf mittlerer Flamme köcheln lassen.

3 Nach Ende der Kochzeit Kokosmilch und Kurkumapulver zur Suppe geben. Nun mit einem Kartoffelstampfer, einem Küchenhäcksler oder zur Not mit einem stabilen Schwingbesen das weich gekochte Gemüse pürieren. Wer keinen Häcksler hat, sollte Zwiebel, Ingwer und Chilischote schon sehr klein schneiden, bevor sie in den Kochtopf wandern.

**Ein Klecks geschlagene Sahne macht die Suppe perfekt – Veganer steigen auf pflanzliche Sahne um und nehmen 1–2 Beutel »Sahnesteif« zu Hilfe (auch hier die veganen Produkte wählen aus z. B. Agar-Agar), damit die Pflanzensahne zur Pflanzen*schlag*sahne werden kann.**

Hähnchen-Wrap

Seite 66

# Rindfleisch-Taco

6 kleine oder 3 große Tacos · 20 Min · Express · für Spülfaule

## Zutaten

1 Zwiebel
1 Knoblauchzehe
300 g Rinderhackfleisch
2 EL Tomatenmark
etwas Chilipulver (Menge nach Geschmack)
½ TL Paprikapulver edelsüß
½ TL gemahlene Koriandersamen
½ TL gemahlener Kreuzkümmel
½ TL Salz
2 Tomaten
1 Dose Kidneybohnen (125 g)
1 Dose Maiskörner (125 g)
1 Limette
etwas Salz & Pfeffer
etwas Petersilie oder Koriander
6 kleine Mais-Tortillas (oder 3 große)

1 Eine Hälfte der Zwiebel in Ringe schneiden und zur Seite stellen. Die andere Hälfte klein hacken und mit gepresstem Knoblauch und dem Hackfleisch in einer Pfanne anbraten. Tomatenmark sowie die Gewürze (außer Pfeffer) dazugeben und auf kleiner Flamme köcheln lassen.

2 Währenddessen die Tomaten waschen und würfeln. Zusammen mit den Kidneybohnen, dem Mais sowie den Zwiebelringen zum Hackfleisch geben. Alles nochmals aufkochen und 5–10 Minuten köcheln lassen. Mit Limettensaft, Salz und Pfeffer abschmecken.

3 Petersilie oder Koriander grob hacken. Das Hackfleisch auf die Tortillas verteilen und mit den Kräutern bestreuen.

**Anstelle von Mais-Tortillas kannst du auch Taco-Schalen für dieses Rezept verwenden. Käseliebhaber streuen noch etwas geriebenen Cheddar darüber.**

# Hähnchen-Wrap mit Honig-Senf-Salsa

6 kleine oder 3 große Wraps | 15 Min | Express | für Spülfaule

## Zutaten

2 Tomaten
1 rote Zwiebel
½ Salatkopf
300 g Hähnchenbrust
1 EL Olivenöl
etwas Salz & Pfeffer
2 EL Senf
3 EL Honig
2 EL Joghurt
3 große Weizentortillas

1 Tomaten waschen und in dünne Scheiben schneiden. Zwiebel schälen und in Ringe schneiden. Salatkopf waschen, trocken schütteln und grob zerzupfen.

2 Hähnchenbrust waschen, trocken tupfen und in Streifen schneiden. In etwas Öl braun anbraten. Mit Salz und Pfeffer würzen.

3 Senf, Honig und Joghurt zu einem Dressing verrühren, mit Salz und Pfeffer abschmecken und auf den Tortillas verteilen.

4 Salat, Tomaten, Zwiebeln sowie das gebratene Fleisch ebenfalls auf den Fladen verteilen, rechts und links jeweils einen ca. 3 cm breiten Rand frei lassen. Die Fladen rechts und links über den Belag klappen und von unten nach oben aufrollen. Wer mag, packt die Wraps nun in Backpapier und bindet sie an den Enden, jeweils ca. 5 cm vom Rand weg, mit einer Schnur zusammen. Anschließend in der Mitte mit einem scharfen Messer halbieren.

# Kroatische Ćevapčići

8–10 Ćevapčići | 15 Min | Express | Balkan

Für echte Ćevapčići wird Rind- und Lammhackfleisch zu gleichen Teilen verwendet. Falls du also im Balkan unterwegs bist oder sonst an Lammhackfleisch kommst, mische es gerne 50:50 mit Rind.

## Zutaten

1 große Zwiebel
etwas Petersilie
2 Knoblauchzehen
1 Ei
1 TL Salz
1 TL Paprika edelsüß
etwas Pfeffer
300 g gemischtes Hackfleisch (Rind und Schwein)
2 EL Olivenöl
etwas Ajvar, falls vorhanden

1 Die Zwiebel schälen. Eine Hälfte in Ringe schneiden und zur Seite stellen, die andere Hälfte klein hacken. Die Petersilie waschen, trocken schütteln und ebenfalls klein hacken.

2 Gehackte Zwiebel zusammen mit gepresstem Knoblauch, Ei, Salz, Paprika, Pfeffer und Petersilie zum Hackfleisch geben. Alles gut durchkneten.

3 Aus dem Hackfleischteig acht bis zehn ca. 4 cm lange Ćevapčići formen und in etwas Öl rundherum gut anbraten (5–7 Minuten).

4 Zu den Ćevapčići die rohen Zwiebelringe und, wenn vorhanden, etwas Ajvar (eine Paprikapaste – erhältlich in fast allen größeren Supermärkten) reichen.

**Zusammen mit Djuveč-Reis oder Grillgemüse serviert haben wir Ćevapčići in vielen Balkanländern kennengelernt. Auf dem Markt in Split (Kroatien) wurden sie uns in Brötchen gereicht, welche dick mit Ajvar bestrichen waren – sehr lecker.**

# Djuveć-Reis

2 Portionen | 30 Min | Express | vegan | für Spülfaule | Balkan

Lui bestellt auf Reisen in Restaurants gerne einfach mal irgendetwas und schaut dann, was es ist. So haben wir den Djuveč-Reis in Serbien kennengelernt. Natürlich gehen diese Blindbestellungen nicht immer gut, aber in diesem Fall sogar mit Auszeichnung.

## Zutaten

1 große rote Zwiebel
2 Minipaprika oder ½ große Paprika
½ Zucchini
2 Tomaten
2 Knoblauchzehen
1 EL Olivenöl
200 g Langkornreis
100 g Ajvar (Paprikapaste)
2 TL Tomatenmark
400 ml Brühe
100 g Erbsen (TK-Ware oder aus der Dose)
½ TL Salz
½ TL Paprikapulver rosenscharf
etwas Pfeffer

1 Die Zwiebel schälen und fein hacken. Paprika, Zucchini sowie Tomaten waschen und klein schneiden.

2 Zwiebelwürfel und gepressten Knoblauch in Öl andünsten. Den Reis sowie das vorbereitete Gemüse kurz mitdünsten. Ajvar sowie Tomatenmark dazugeben und mit Brühe ablöschen. Alles auf kleiner Hitze zugedeckt köcheln.

3 Etwa fünf Minuten vor Ende der Garzeit die Erbsen hinzufügen. Zuletzt mit Salz, Paprikapulver und Pfeffer abschmecken. Der Djuveč ist fertig, wenn der Reis weich ist und fast die komplette Flüssigkeit aufgesogen hat. Er soll aber noch schön cremig sein.

**Je nachdem, ob der Reis als Hauptmahlzeit oder als Beilage dient, macht er zwei bis vier Personen satt. Lammkarree, Ćevapčići (Rezept Seite 67) oder gebratenes Hähnchenfleisch ergänzen ihn gut.**

Kroatische Ćevapčići

Seite 67

# Hackfleisch-Zucchini mit Feta

2 Portionen 35 Min

## Zutaten

2 Zucchini (mittelgroß)
1 Paprika
1 rote Zwiebel
1 Knoblauchzehe
etwas Öl
400 g Rinderhackfleisch
2 EL Tomatenmark
etwas Oregano
etwas Salz & Pfeffer
300 ml Rinderbrühe
100 g Feta

1 Die Zucchini putzen, halbieren, die Hälften etwas aushöhlen. Paprika waschen, entkernen und klein würfeln. Zwiebel klein schneiden und zusammen mit gepresster Knoblauchzehe in etwas Öl anbraten. Das Hackfleisch dazugeben und 1–2 Minuten braten. Tomatenmark und Oregano hinzufügen. Alles mit Salz und Pfeffer würzen, mit 100 ml Brühe ablöschen und köcheln lassen, bis es eindickt.

2 Währenddessen in eine andere Pfanne oder Topf die Zucchinihälften hineinlegen und mit der restlichen Brühe auffüllen, bis die Zucchini etwa halb mit Flüssigkeit bedeckt sind. Auch etwas Brühe in die ausgehölten Kuhlen geben. Wir mögen die Zucchini noch etwas knackig, daher lassen wir sie nur ca. 5 Minuten in der Brühe. Wenn du sie lieber weich magst, lässt du sie 10–15 Minuten köcheln.

3 Die Hackfleischmasse vom Feuer nehmen und den Feta hineinbröseln. Die Zucchini aus der Brühe nehmen, mit der Hackfleischmasse füllen und servieren.

**Wir essen gern Kräuterbrot dazu, das Rezept findest du auf Seite 130. Aber natürlich funktionieren auch Nudeln oder Reis.**

# Wirsing-Pasta mit Fischfilet

2 Portionen 35 Min

## Zutaten

1 kleiner Wirsing (ca. 300 g)
1 Zwiebel
150 g Pasta (große Sorte)
etwas Sonnenblumenöl
1 Knoblauchzehe
50 ml Gemüsebrühe
100 ml Sahne
50 g Ziegenfrischkäse
etwas Salz & Pfeffer
6 Flussbarschfilets – oder was du am Angelhaken hast
etwas Zitronensaft
1 Ei
2 EL Mehl
etwas Paniermehl

1 Den Strunk vom Wirsing entfernen, die Blätter waschen und in feine Streifen schneiden. Die Zwiebel abziehen und klein schneiden.

2 Die Nudeln im Salzwasser bissfest garen, dann mit einem Schaumlöffel oder kleinem Sieb herausfischen. Das Nudelwasser noch nicht abschütten, sondern die Wirsingstreifen darin 3–4 Minuten garen. Abschütten und zur Seite stellen.

3 Im selben Topf in etwas Öl Zwiebel zusammen mit gepresster Knoblauchzehe anbraten. Mit Brühe und Sahne ablöschen, den Frischkäse unterrühren und den Wirsing dazugeben. Alles vermischen und mit Salz und Pfeffer abschmecken.

4 Die Fischfilets waschen, trocken tupfen und mit etwas Zitronensaft beträufeln. Das Ei verquirlen und mit Salz und Pfeffer würzen. Mehl und Paniermehl in zwei Tellern bereitstellen. Den Fisch erst im Mehl wenden, dann durch das Ei ziehen und zum Schluss mit Paniermehl bestäuben. In etwas Öl für ca. 1 Minute je Seite knusprig braten.

5 Während der Fisch gebacken wird, die Nudeln zum Wirsing geben und alles nochmals schön aufwärmen.

**Da Wirsing ein Herbst- und Wintergemüse ist, kannst du ihn in der anderen Jahreshälfte durch Pak Choi oder Mangold ersetzen.**

# Lenticchie di Capodanno – Janas grüne Linsen

2 Portionen · 40 Min · für Spülfaule · Italien

In Italien wird an Silvester um Mitternacht traditionellerweise ein Linsengericht gereicht. Die kleinen Hülsenfrüchte symbolisieren Geldstücke und je mehr man davon isst, desto reicher der Geldsegen im neuen Jahr. Jana, eine Kollegin von Lui, hat uns diese Tradition gelehrt.

## Zutaten

200 g grüne Linsen
1 Zwiebel
1 Karotte
120 g durchwachsener Räucherspeck
200 ml Gemüsebrühe
etwas Salz & Pfeffer

1 Die Linsen ca. 25 Minuten in Wasser kochen. Unterdessen Zwiebel, Karotte und Speck in kleine Würfel schneiden. Linsen nach der Kochzeit in ein Sieb abgießen und mit Wasser abspülen.

2 Im selben Topf Speck- und Zwiebelwürfel anbraten, nach ein paar Minuten die Karottenwürfel dazugeben und mit der Brühe ablöschen. Rund 8 Minuten köcheln lassen, dann die Linsen dazugeben. Alles mit Salz und Pfeffer abschmecken und servieren.

**Brot mit Knoblauchbutter schmeckt uns am besten zu diesem Linsengericht. Für das Knoblauchbrot reibst du den Knoblauch direkt auf das getoastete Brot.
Willst du es vegan, lass einfach den Speck weg und brate die Zwiebel in etwas Öl an.**

# Asia-Nudeln mit Erdnuss-Tofu

2 Portionen · 20 Min · Express · vegan

Vorab: Wir sind keine großen Tofu-Fans, er ist uns oft zu fade im Geschmack. Doch mit dieser Erdnuss-Chili-Marinade kann er selbst uns überzeugen – und hoffentlich auch dich!

## Zutaten

200 g Mie-Nudeln
80 g ungesalzene Erdnüsse
2 EL Sesamöl
1 EL Reisessig
1 EL brauner Rohrzucker
2 EL Sojasauce
1 Chilischote
1 EL Tomatenmark
1 Knoblauchzehe
etwas frischer Ingwer

350 g fester Tofu
1 Karotte
100 g Zuckerschoten
½ Zucchini
½ rote Paprika
100 g Pilze, z. B. Champignons
1 Frühlingszwiebel
1 EL Sonnenblumenöl
etwas Salz & Pfeffer

1 Die Nudeln gemäß Packungsanleitung bissfest kochen, dann abgießen und zur Seite stellen.

2 Die Erdnüsse im Häcksler oder Mörser zerkleinern und mit Sesamöl, Reisessig, Zucker, Sojasauce, klein gehackter Chilischote, Tomatenmark, gepresstem Knoblauch und fein geschnittenem Ingwer mischen. Den Tofu in Würfel schneiden und mit der Hälfte dieser Marinade mischen.

3 Das Gemüse waschen und klein schneiden. In etwas Öl für ein paar Minuten anbraten. Mit Salz und Pfeffer würzen und anschließend ebenfalls zur Seite stellen.

4 Nun den marinierten Tofu anbraten, bis die Marinade etwas eingekocht ist und an den Tofuwürfeln klebt. Vorsichtig vom Pfannenboden lösen und die Nudeln mit dem Gemüse dazugeben. Alles kurz aufwärmen und die restliche Marinade darübergeben.

**Hast du kein Sesamöl? Nimm einen gehäuften Esslöffel Sesamkörner, zerdrücke sie im Mörser und gib einen Esslöffel neutrales Öl (z. B. Sonnenblumenöl) dazu. Beim Gemüse kannst du gerne auch etwas variieren.**

# Spinat-Speck-Eintopf

2 Portionen · 25 Min · Express · für Spülfaule

In Italien aus einer Not heraus geboren ist der Spinat-Speck-Eintopf unser wohl erstes eigenes Reiserezept überhaupt. Bis heute steht der leckere Eintopf auf unserem Speiseplan.

## Zutaten

400 g Nudeln, z. B. Bandnudeln
1 Zwiebel
150 g durchwachsener Räucherspeck
200 g frischer Spinat
1 Knoblauchzehe
2 EL Frischkäse
etwas Salz & Pfeffer
etwas Parmesan

1 Die Nudeln in Salzwasser bissfest kochen, dann abgießen und zur Seite stellen.

2 Zwiebel und Speck in Würfel schneiden. Den Spinat waschen und die Stängel abschneiden. Im Nudeltopf Speck, Zwiebel und gepressten Knoblauch anbraten – ohne Fettzugabe, der Speck reicht. Die Spinatblätter dazugeben und dünsten, bis die Blätter zusammengefallen sind.

3 Den Frischkäse unterrühren, dann die Nudeln dazugeben. Alles mit Salz und Pfeffer abschmecken – vorsicht, der Speck ist womöglich salzig genug! Zuletzt über den angerichteten Eintopf Parmesan hobeln.

# Blumenkohlcurry

2 Portionen | 45 Min | vegan

## Zutaten

½ Blumenkohl (ca. 400 g)
1 Zwiebel
1 Knoblauchzehe
etwas Öl
2 EL Tomatenmark
250 ml Gemüsebrühe
200 ml Kokosmilch
2 EL Currypulver
1 TL Kurkumapulver
½ TL gemahlener Kreuzkümmel
1 Chilischote, fein geschnitten
etwas frischer Ingwer, fein geschnitten
100 g Basmatireis
100 g Erbsen (TK-Ware oder aus der Dose)
Salz & Pfeffer

1 Den Blumenkohl putzen und in kleine Röschen schneiden. Die Zwiebel klein schneiden und mit dem gepressten Knoblauch in etwas Öl anbraten. Blumenkohl dazugeben und kurz mitbraten. Das Tomatenmark unterrühren, dann mit Gemüsebrühe und Kokosmilch ablöschen. Die Temperatur reduzieren. Curry, Kurkuma, Kreuzkümmel, Chili sowie Ingwer hinzufügen und alles rund 20 Minuten köcheln lassen.

2 Währenddessen den Reis gemäß Packungsbeilage zubereiten. Falls auf dieser nichts steht: 200 ml Salzwasser aufkochen, Reis rein, kurz umrühren und auf kleiner Flamme zugedeckt 10–12 Minuten köcheln lassen. Restwasser gegebenenfalls abgießen.

3 Wenn das Blumenkohlcurry 20 Minuten geköchelt hat, die Erbsen dazugeben. Bei tiefgefrorenen Erbsen nun noch ca. 8 Minuten weiterköcheln lassen, sonst 2–3 Minuten.

4 Das Curry mit Salz und Pfeffer abschmecken und mit dem Reis zusammen servieren.

**Hühnchen oder Garnelen schmecken übrigens vorzüglich im Curry. Beides kannst du noch vor der Zwiebel in etwas Öl scharf anbraten und erst rund 10 Minuten vor dem Ende der Kochzeit ins Curry geben (Kochzeit nach Beigabe der Erbsen berücksichtigen!).**

# Polnische Pierogi ruskie

ca. 20 Stück | 45 Min + 30 Min Ruhezeit | vegetarisch | Polen

Schon in der Slowakei haben wir Pirohy gegessen – nicht nur der Name, auch das Gericht ist ähnlich. Doch die Pierogi ruskie aus Polen sind unsere Favoriten unter den Teigtaschen.

### Für den Teig

200 g Weißmehl
100 ml heißes Wasser
3 EL Rapsöl oder Sonnenblumenöl
½ TL Salz

### Für die Füllung

200 g mehligkochende Kartoffeln
2 große Zwiebeln
2 EL Butter
150 g Frischkäse
½ TL Salz
etwas Pfeffer

1 Alle Teigzutaten mischen und zu einer elastischen Masse verkneten. An einem warmen Ort eine halbe Stunde ruhen lassen. Für die Füllung in der Zwischenzeit die Kartoffeln schälen und in Salzwasser kochen. Wenn du sie zuvor in Stücke schneidest, sind sie schneller gar.

2 Die Zwiebeln schälen, klein schneiden und in der Butter bei mittlerer Hitze 10 Minuten dünsten. Den Frischkäse in eine Schüssel geben und mit einer Gabel etwas auflockern. Die gekochten Kartoffeln, die Hälfte der Zwiebeln sowie Salz und Pfeffer dazugeben. Alles mit der Gabel zerdrücken und mischen.

5 Den Teig dünn ausrollen und mit einer Tasse Kreise ausstechen (Ø ca. 8 cm). Die Teigkreise am Rand mit Wasser bestreichen und je ca. 1 EL Füllung in der Mitte platzieren. Die Teigkreise zu Halbkreisen zusammenklappen und die Ränder mit einer Gabel zusammendrücken. Wichtig: Weder die Teigrohlinge noch die gefalteten Piroggen aufeinanderlegen, sie kleben schnell zusammen. Besser einzeln auf einen Teller legen und mit einem Tuch bedecken, damit sie nicht austrocknen.

6 In einem großen Topf Salzwasser zum Kochen bringen und die Piroggen für 3–4 Minuten kochen. Wenn sie an die Oberfläche kommen, sind sie gar.

7 Die Piroggen in etwas Butter kurz anbraten und mit den restlichen Zwiebeln bestreut servieren. Ein Quark-Dip schmeckt sehr gut dazu.

Express-Variante

**Nimm fertigen Pastateig und vorgekochte Kartoffeln für die Füllung. Dann sind die Piroggen ruckzuck gemacht!**

# Galette Bretonne

4 Galettes | 25 Min | Express | vegetarisch | Frankreich

**B**eim Wort Galette hat Steffi immer die hübschen Altstadtgassen der Dörfer der Bretagne vor Augen. Und sofort taucht auch das Bild von dem Tischchen im Hinterhof auf, wo wir unglaublich leckere Galettes gegessen und dazu Cidre aus Tonschalen getrunken haben.

### Für den Teig

150 g Buchweizenmehl
100 g helles Weizenmehl
1 TL Salz
1 Ei
150 ml Milch
300 ml Wasser

### Für den Belag

300 g frischer Blattspinat
1 Zwiebel
100 g Schinken
etwas Öl
½ Knoblauchzehe
4 Eier
etwas Salz & Pfeffer

1 Die Teigzutaten in eine Schüssel geben und zu einem glatten Teig schlagen, bis er Blasen wirft.

2 Den Blattspinat waschen, die Stiele entfernen. Die Zwiebel schälen und klein würfeln. Den Schinken ebenfalls klein schneiden.

3 In einem Topf etwas Öl erhitzen. Zwiebelwürfel, gepressten Knoblauch sowie Spinat darin andünsten.

4 Die Eier als Spiegeleier braten und warm stellen.

5 Nun 4 Galettes zubereiten. Dafür jeweils ¼ des Teiges in etwas Öl wie eine Crêpe braten – möglichst dünn. Nicht wenden, sondern direkt mit Spinat und Schinken belegen. Jeweils ein Spiegelei in die Mitte setzen und mit Salz sowie Pfeffer würzen.

**Klassischerweise wird die Galette zu einem Quadrat geformt serviert. Dafür mit einem Spachtel »Soll-Falten« an den Seiten der Galette eindrücken und die Teigränder zur Mitte hin falten. Das Ei in der Mitte sollte noch sichtbar sein. Tob dich beim Belag gerne aus. Frutti di Mare, Pilze mit Frischkäse und Schinken, Spinat-Sahne-Füllung mit Reibekäse ... was immer dir einfällt, ist willkommen.**

# Pfannen-Pizza

2 Pizzas | 30 Min | Express | vegetarisch | Italien

Ein Leben ohne Pizza ist möglich, aber sinnlos. Im Omnia gerät die Portion einfach zu klein, also musste eine Alternative her. Nach etwas Tüftelei sind wir zum für uns perfekten Ergebnis gekommen. Du darfst gerne probieren.

### Für den Teig

300 g Mehl (Steffi: Dinkelvollkorn / Lui: Weißmehl)
180 ml Wasser
3 EL Olivenöl
1 TL Salz
1 TL Backpulver

### Für die Tomatensauce

2 Tomaten
2 EL Tomatenmark
½ Knoblauchzehe
3 EL Olivenöl
1 EL Oregano
1 TL Salz
1 Prise Zucker
etwas Pfeffer

### Außerdem

300 g Mozzarella
Belag nach Wunsch

1 Die Teigzutaten zu einem elastischen Teig kneten. Halbieren und zu zwei exakt pfannengroßen Böden ausrollen. Der Teig geht beim Braten noch ordentlich auf.

2 Die Tomaten waschen und klein hacken oder pürieren. Zusammen mit Tomatenmark, gepresstem Knoblauch, Olivenöl, Oregano, Salz, Zucker und Pfeffer in einem Topf erhitzen und ca. 10 Minuten köcheln lassen.

3 Währenddessen den ersten Pizzaboden in etwas Olivenöl anbraten. Dann wenden und mit Tomatensauce, Mozzarella und den gewünschten Zutaten belegen. Mit dem zweiten Pizzaboden genauso verfahren.

**Luis Favorit: Die Pizza nur mit Käse und Tomatensauce backen und erst auf dem Teller mit rohem Schinken, Rucola, gehobeltem Parmesan und Pinienkernen verfeinern. Steffi mag ihre Pizza mit Spinat und einem Spiegelei drauf. Du kannst aber natürlich jede Pizza nach Lust und Laune zaubern – und auch eine vegane Variante, indem du den Käse ganz einfach weglässt.**

# Mais-Pizza Ohrid

2 Pizzas | 30 Min | Express | vegetarisch | Nordmazedonien

Auf dem Camping Rino am Ohridsee in Nordmazedonien wurde uns im dazugehörigen Restaurant eine solche Mais-Pizza serviert. Steffi hat die von »Mama Rino« zubereitete Pizza so gut geschmeckt, dass sie selbst zu experimentieren begann und dieses fast originale Rezept kreierte.

## Zutaten

200 g feine Polenta (Maisgrieß)
600 ml Wasser (Menge kann je nach Polenta abweichen)
1 TL Salz
2 Eier
etwas Öl
100 g Feta
100 g Reibekäse
1 Bund Rucola
100 g Cherrytomaten

1 Polenta nach Packungsanleitung zubereiten. Falls keine Anleitung vermerkt ist: 600 ml gesalzenes Wasser aufkochen, die Polenta unterrühren und nach 2 Minuten probieren, ob sie schon weich ist. Sobald sie gar ist, vom Feuer nehmen. Wer Zeit hat, lässt die Polenta abkühlen.
Die Eiligen passen auf ihre Finger auf, wenn sie nun aus der Polenta vier flache Fladen formen (am besten auf Backpapier). Tipp: Nasse Hände kleben nicht an der Masse.

2 Ein Ei verquirlen, die obere Seite eines Fladens mit etwas Ei bepinseln und den Fladen mit dieser Seite voran in eine gut geölte heiße Bratpfanne geben.

3 Das zweite Ei verquirlen und mit dem zerbröselten Feta sowie dem Reibekäse mischen – etwas Feta zur Seite legen. Die Hälfte der Masse auf den Fladen in der Pfanne streichen und einen zweiten Fladen obendrauf legen. Vor dem Wenden den oben liegenden Fladen wieder mit etwas Ei bestreichen. Einen Teller mit Wasser abspülen und nass zum Wenden benutzen (ohne Wasser klebt die Masse am Teller). Die Mais-Pizza nochmals ein paar Minuten braten. Dann die zweite Pizza identisch zubereiten.

4 Vor dem Servieren den gewaschenen Rucola, einige geviertelte Cherrytomaten sowie den zur Seite gelegten Feta über den Mais-Pizzas verteilen.

**Die Mais-Pizza schmeckt auch kalt sehr lecker. Für Speckliebhaber: Ein wenig gebratenen Speck in die Feta-Ei-Masse geben!**

# Rumänische Cocoloși

8 Stück · 25 Min · Express · Rumänien

In Rumänien reicht man zu fast allen Gerichten Polenta. Und weil Rumänien eines unserer Lieblingsländer Europas ist, wollen wir dir unbedingt auch ein Reiseschmankerl von dort präsentieren. Wir finden, dass bei den Cocoloși der säuerlich-salzige Feta richtig gut zu dem süßlichen Maisgrieß passt. Probiere es aus!

## Zutaten

150 g feine Polenta (Maisgrieß)
600 ml Wasser
1 TL Salz
1 Knoblauchzehe
2 EL Olivenöl
1 Prise Salz
4 EL griechischer Joghurt
etwas Schnittlauch in Röllchen
200 g Schafskäse (z. B. Feta)
100 g Speckwürfel
1 Zwiebel, gewürfelt

1 Die Polenta in Salzwasser weich kochen (Packungsanleitung beachten) und abkühlen lassen.

2 Knoblauchzehe mit ein wenig von dem Olivenöl und einer Prise Salz im Mörser zerstoßen. Mit Joghurt und Schnittlauch vermischen, kalt stellen.

3 Cocoloși heißt übersetzt »absichtlich versteckt«. Das machen wir nun mit dem Schafskäse. Diesen in ca. 1 cm dicke Streifen schneiden und in Maisgrieß verpacken.

4 Speck- und Zwiebelwürfel mit dem restlichen Öl in einer Pfanne anbraten, herausnehmen und zur Seite stellen. In derselben Pfanne nun die Cocoloși beidseitig anbraten. Mit Speck und Zwiebeln garnieren und den Joghurt-Dip dazu reichen.

vegetarische Variante: **Speckwürfel durch Räuchertofu ersetzen, dann 2 EL Olivenöl zusätzlich zum Anbraten verwenden.**

## Tortilla de Patata

1 Tortilla als Beilage | 40 Min | vegetarisch | Spanien

Im Norden Spaniens heißen sie Pinchos, im Süden sowie Inland sind sie als Tapas bekannt: Mini-Portionen typischer Gerichte. Und so haben wir Abend für Abend unseren Tisch mit zig kleinen Köstlichkeiten gefüllt, Wein oder Bier dazu getrunken und des Öfteren sogar Livemusik dabei gehört. Hach, Spanien, bist du lecker ... äh, schön!

### Zutaten

400 g festkochende Kartoffeln
1 TL Salz
1 Zwiebel
½ Bund Petersilie
3 Eier
etwas Salz & Pfeffer
6 EL Olivenöl
1 Knoblauchzehe

1 Die Kartoffeln schälen und in dünne Scheiben schneiden. 10 Minuten in gesalzenem Wasser kochen.

2 Währenddessen die Zwiebel und die Petersilie klein schneiden. Die Eier verquirlen und mit Salz sowie Pfeffer würzen.

3 Das Kartoffelwasser abgießen und die Scheiben gut abtropfen lassen. Etwas Öl in einer Pfanne erhitzen. Zwiebelwürfel und gepressten Knoblauch bei mittlerer Hitze andünsten.

4 Die Kartoffelscheiben dazugeben und alles einmal durchmischen. An den Pfannenboden drücken und nun die Eimasse gleichmäßig darüber verteilen.

5 Die Tortilla zugedeckt bei mittlerer Hitze rund 10 Minuten braten. Etwas Olivenöl vor dem Wenden daraufgeben und die zweite Seite nochmals zugedeckt 10 Minuten anbraten.

**Zur Tortilla de Patata passen weitere spanische Tapas und/oder Salat. Auf den folgenden Seiten stellen wir dir noch drei unserer Lieblings-Tapas zum Nachkochen vor.**

Pimientos de Padrón

Seite 99

# Pimientos de Padrón

2 Tapas-Portionen | 5 Min | Express | vegan | für Spülfaule | Spanien

## Zutaten

10 Pimientos (kleine grüne Paprika)
2 EL Olivenöl
1 TL Meersalz
etwas Pfeffer

Die Pimientos waschen und trocken tupfen. Das Olivenöl in einer Pfanne erhitzen. Pimientos samt Stiel hineingeben und einige Minuten anbraten. Mit Meersalz und Pfeffer würzen.

# Ensaladilla Rusa

2 Tapas-Portionen | 20 Min | Express | für Spülfaule | Spanien

## Zutaten

2 festkochende Kartoffeln
1 Ei
1 Dose Thunfisch (150 g, nature)
1 Dose Erbsen & Karotten (125 g)
8 schwarze entsteinte Oliven
4 EL Mayonnaise
etwas Zitronensaft
etwas Salz& Pfeffer

Die Kartoffeln schälen und würfeln. Zusammen mit dem Ei für rund 10 Minuten in Wasser kochen. Thunfisch, Erbsen und Karotten, klein geschnittene Oliven und Kartoffelwürfel mischen. Das hart gekochte Ei klein schneiden und mit der Mayonnaise und etwas Zitronensaft unter die Masse ziehen. Mit Salz und Pfeffer abschmecken.

# Gambas al Pil-Pil

2 Tapas-Portionen | 15 Min | Express | für Spülfaule | Spanien

## Zutaten

10 rohe Garnelen
5 EL Olivenöl
2 Knoblauchzehen, grob gehackt
2 Chilischoten, klein geschnitten
½ EL Paprikapulver
etwas Salz & Pfeffer
etwas Petersilie, fein gehackt

Die Garnelen waschen und von der Schale befreien. Öl in einer Pfanne erhitzen. Knoblauch bei mittlerer Hitze braun rösten, dann Garnelen und Chili zufügen. Sobald die Garnelen Farbe bekommen, die Gewürze dazugeben. Alles gut mischen und zum Schluss die Petersilie einrühren.

# Gebratener Reis mit Garnelen

2 Portionen 30 Min Express

## Zutaten

etwas Öl zum Braten
1 Knoblauchzehe
100 g Reis
300 ml Gemüsebrühe
200 g Hähnchenbrust
3 EL Sojasauce
1 EL brauner Zucker
2 Frühlingszwiebeln
150 g Champignons
150 g Erbsen (TK-Ware oder aus der Dose)
150 g Garnelen
2 Eier
etwas Salz & Pfeffer

1 Etwas Öl in einem Topf erhitzen, die Knoblauchzehe hineinpressen und den Reis kurz mitbraten. Mit Brühe ablöschen und immer wieder nachgießen, damit der Reis knapp bedeckt bleibt. Etwa 10 Minuten köcheln, bis der Reis bissfest ist.

2 Die Hähnchenbrust klein würfeln, in Sojasauce und Zucker marinieren. Die Frühlingszwiebeln klein schneiden, die Champignons würfeln.

3 Frühlingszwiebeln in etwas Öl anbraten, Champignons, Erbsen und Garnelen hinzufügen. Kurz mitbraten und zur Seite stellen.

4 Die Eier verquirlen, mit Salz und Pfeffer würzen und in etwas Öl zu Rührei braten. Zum Gemüse geben.

5 Hähnchen samt Marinade in Öl scharf anbraten, den Reis dazugeben und mitbraten. Das Gemüse mit dem Ei sowie die Garnelen dazugeben, alles gut mischen und für ein paar Minuten braten.

# Spätzlepfanne mit Gemüse

2 Portionen 25 Min Express vegetarisch

Wir persönlich nennen dieses Gericht ja »Ischgler Spätzlipfanne«. Denn erstmalig Gemüse mit Spätzle gegessen haben wir im Skiurlaub in Ischgl. Die Kreation ist unsere eigene, weshalb es kein Reiseschmankerl ist. Und trotzdem hängen hier viele Erinnerungen unsererseits dran.

## Zutaten

200 g Mehl (Dinkel- oder Weizenmehl)
20 g feiner Grieß (optional für mehr Biss)
¾ TL Salz
50 ml Milch
50 ml Wasser
2 Eier
etwas Butter
1 mittelgroße Karotte
1 kleiner Lauch
1 Zwiebel
100 ml Gemüsebrühe
50 g Reibekäse, z. B. würziger Bergkäse

1 Mehl, Grieß und Salz vermischen. Milch, Wasser und Eier verquirlen und mit der Mehlmasse mischen. Den Teig mit einer Holzkelle schlagen, bis er glänzt und Blasen wirft.

2 Gesalzenes Wasser in einem großen Topf zum Kochen bringen. Spätzle portionsweise mittels Schneidebrett und Messer ins kochende Wasser schaben – oder über ein Spätzlesieb streichen. Einige Minuten kochen, bis die Spätzle an die Oberfläche steigen. Dann sind sie gar. Rausnehmen, mit einer Butterflocke versehen und warm stellen.

3 Die Karotte schälen und in feine Streifen schneiden. Den Lauch gut waschen und klein schneiden. Die Zwiebel ebenfalls klein schneiden und in etwas Butter andünsten. Karotte und Lauch kurz mitbraten. Mit Brühe ablöschen und fast völlig einköcheln lassen. Die Spätzle dazugeben, alles gut mischen und mit dem Reibekäse bestreuen.

**Wenn du es supereilig hast – oder die Schweinerei beim Spätzlemachen umgehen willst –, holst du dir fertige Spätzle aus dem Supermarkt.**

# Sizilianische Arancini

8 Stück · 40 Min · vegetarisch · Italien

Steffi weiß noch genau, wie wir über den Markt in Palermo schlenderten und ein Verkäufer ihr auf einmal eine panierte Kugel vor die Nase hielt. Sie war hungrig, also wechselten ein paar Cent den Besitzer und sie biss in die frittierte Reiskugel. Vielleicht ist es diese schöne Erinnerung, aber Steffi liebt Arancini bis heute.

## Zutaten

1 Zwiebel
etwas Sonnenblumenöl
200 g Risottoreis
150 ml Weißwein
600 ml Gemüsebrühe
150 g Mozzarella
2 Eier
etwas Salz & Pfeffer
etwas Mehl
150 g Paniermehl

1 Die Zwiebel klein würfeln und mit Öl in einem Topf glasig dünsten. Den Reis dazugeben und kurz mitdünsten. Mit Wein und Gemüsebrühe ablöschen, der Reis soll mit der Flüssigkeit nur leicht bedeckt sein. Je nach Reis diesen nun 15–20 Minuten bissfest köcheln. Immer wieder Brühe nachgießen, damit der Reis stets bedeckt ist. Ist der Reis gar, diesen auf einem Brett oder Teller verstreichen, damit er schneller auskühlt.

2 Den Mozzarella in 8 gleich große Stücke schneiden. Die Eier verquirlen und mit Pfeffer und Salz würzen. Mehl und Paniermehl auf zwei verschiedene Teller geben.

3 Den Reis zu 8 gleich großen Kugeln formen – Tipp: an nassen Händen klebt der Reis nicht so. In die Mitte der Kugeln jeweils ein Mozzarellastück stecken und mit Reis wieder verschließen. Die Reiskugeln erst im Mehl wenden, dann im Ei und zuletzt im Paniermehl. Mit etwas Öl in einer Pfanne bei mittlerer Hitze rundherum knusprig braten.

Express-Variante

**Für die schnelle Variante die Arancini aus Risotto-Resten zubereiten. Es darf auch Pilz-, Tomaten- oder Safran-Risotto sein. Dann verkürzt sich die Zubereitung der Arancini auf ca. 15 Minuten.
Verfeinern kannst du das Rezept, indem du die Mozzarella-Würfel mit Schinkenstreifen umwickelst.**

# Fischstäbchen-Burger

2 Burger | 15 Min | Express | für Spülfaule

Not macht erfinderisch. Lui hatte Lust auf einen Fisch-Burger, doch es gab weit und breit keinen. Im Supermarkt fanden sich keine Fish-Pattys – aber Moment, eigentlich müssten doch Fischstäbchen genauso funktionieren? Gesagt, getan, für gut befunden und schon des Öfteren nun gewollt zubereitet.

## Zutaten

6 Fischstäbchen
100 g Jungspinat
1 Zwiebel
1 gekochtes Ei
1 Essiggurke
1 EL Mayonnaise
1 EL Schmand oder Crème fraîche
etwas Salz & Pfeffer
2 Burger-Brötchen

1 Die Fischstäbchen gemäß Packungsanleitung in der Pfanne braten.

2 Den Spinat waschen und trocken schütteln. Die Zwiebel in Ringe schneiden.

3 Für die Tartarsauce gekochtes Ei sowie Essiggurke sehr klein schneiden bzw. im Küchenhäcksler klein hacken. Mayonnaise und Schmand dazugeben und mit Salz und Pfeffer abschmecken.

4 Die Sauce auf den Brötchen oben und unten verteilen. Auf die unteren Brötchenhälften den Spinat und die Zwiebelringe geben. Jetzt noch drei Fischstäbchen pro Burger darauflegen und die Deckel daraufsetzen.

**Wir essen die Fischstäbchenburger am liebsten mit Pommes allumettes und einem Salat aus dem restlichen Jungspinat.**

MFA 130 VLT

# Rindfleisch-Burger

2 Burger · 20 Min · Express

### Für die Burger
2 Burger-Brötchen
½ große Tomate
½ Zwiebel
2 Salatblätter
2 Eier
etwas Öl
4 Speckscheiben
Salz & Pfeffer
250 g Rinderhackfleisch
2 Cheddar-Scheiben

### Für die Burgersauce
2 EL Mayonnaise
1 EL Ketchup
1 TL Senf
1 TL Sojasauce
1 TL Essig
1 Essiggurke, fein gehackt
1 Prise Chiliflocken
etwas Petersilie, fein gehackt
etwas Salz & Pfeffer
etwas Knoblauchpulver

### Würzmischung für die Pattys
½ TL Senfsamen
½ TL Koriandersamen
½ TL Pfeffer, grob gemahlen
½ TL brauner Rohrzucker
½ TL Salz

1 Die Burger-Brötchen aufschneiden und in der Pfanne auf der Schnittseite toasten. Zwei Scheiben von der Tomate schneiden, Zwiebel in Ringe, Salat waschen und trocken schütteln. Die Eier in wenig Öl als Spiegeleier braten, die Speckscheiben mitbraten. Die Eier mit Salz und Pfeffer würzen. Warm stellen.

2 Alle Zutaten für die Burgersauce vermischen.

3 Nun die Würzmischung für die Hackfleisch-Pattys herstellen. Dafür erst die Senfsamen im Mörser (oder mit dem Messer) zerstoßen, dann die Koriandersamen dazugeben und ebenfalls zerstoßen. Zuletzt Pfeffer, Zucker und Salz hinzufügen.

4 Für die Pattys das Hackfleisch nicht kneten oder pressen, sondern nur in zwei Hälften teilen und auf einem Brettchen leicht in Form drücken. Dabei in der Mitte eine kleine Kuhle eindrücken und die Ränder nochmals zur Mitte hin drücken, damit sie nicht ausfransen. Die Gewürzmischung über das Fleisch streuen und leicht andrücken – die Mischung reicht für 4–6 Pattys, Reste also ggf. aufheben. Die gewürzte Seite nach unten in die heiße Pfanne geben, wo noch etwas Fett vom Speck braten drin ist. Nach einer Minute die Pattys vorsichtig mit einem breiten Pfannenwender drehen und die Cheddar-Scheiben auf die Pattys legen. Nochmals eine Minute, dann sind die Pattys medium gebraten. Kurz zur Seite stellen, damit sie nachziehen können.

5 Zuletzt die Burger bauen. Dafür die Burgersauce auf Deckel und Böden verteilen. Die Böden erst mit Salat und Zwiebeln, dann mit Spiegelei belegen. Darauf das Fleisch mit Käse geben, dann die Tomate sowie die Speckscheiben. Deckel draufsetzen, fertig.

# Süßkartoffel-Burger

2 Burger | 25 Min | Express | vegan

### Für die Pattys

150 g gekochte weiße Bohnen
100 g Süßkartoffel
½ Zwiebel, fein gehackt
½ Knoblauchzehe, gepresst
1 EL Haferflocken
½ TL Paprikapulver rosenscharf
etwas Salz & Pfeffer

### Für die Burgersauce

¼ Salatgurke
1 EL Essig
3 EL griechischer Soja-Joghurt
½ Knoblauchzehe, gepresst
1 EL Olivenöl
2 Prisen Salz

### Außerdem

2 Burger-Brötchen
2 Salatblätter
½ Zwiebel, in Ringe geschnitten
10 dünne Scheiben Salatgurke
2 Tomatenscheiben

1 Zunächst die Pattys herstellen. Dafür die Bohnen mit einer Gabel zerdrücken. Die Süßkartoffel schälen und fein reiben. Alle Zutaten für die Pattys gut vermengen und die Masse zu zwei Pattys pressen.

2 Für die Burgersauce die Salatgurke fein reiben und die Flüssigkeit auspressen. Gurke, Essig, Joghurt, gepressten Knoblauch und Olivenöl vermischen. Salz dazugeben und nochmals gut mischen.

3 Die Burger-Brötchen in einer Pfanne mit der Schnittfläche nach unten toasten, herausnehmen. Etwas Olivenöl in die Pfanne geben und die Pattys darin rund 2 Minuten pro Seite bei mittlerer Hitze braten.

4 Zum Schluss die Burger bauen: Jeweils etwas Sauce auf Boden und Deckel der Burger-Brötchen verteilen. Dann die Böden mit Salat, Zwiebelringen und Gurkenscheiben belegen. Darauf je 1 Süßkartoffel-Patty geben und die restliche Sauce darüber verteilen. Mit Tomate abschließen und den Deckel draufsetzen.

**Dazu passen Pommes allumettes und/oder Salat.**

# Gnocchi-Pfanne

2 Portionen | 15 Min | Express | vegetarisch | für Spülfaule

## Zutaten

500 g fertige Gnocchi (z. B. aus dem Kühlregal)
etwas Butter
1 Zwiebel
100 g Cherrytomaten
1 Knoblauchzehe
2 EL Tomatenmark
etwas Oregano, gehackt
100 ml Sahne
etwas Salz & Pfeffer
50 g Parmesan

1 Die Gnocchi in etwas Butter goldbraun anbraten.

2 Die Zwiebel schälen und klein würfeln. Die Cherrytomaten waschen und vierteln. Zwiebel und gepressten Knoblauch kurz mit den Gnocchi mitbraten, dann Cherrytomaten, Tomatenmark sowie Oregano hinzugeben.

3 Mit der Sahne ablöschen, kurz eindicken lassen und mit Salz und Pfeffer abschmecken.

4 Kurz vor dem Servieren den Parmesan über die Gnocchi hobeln.

**Zu diesem schnellen mediterranen Gericht schmeckt in unseren Augen am besten ein frischer, knackiger Salat.**

# Zucchini-Reis-Pfanne

2–3 Portionen | 25 Min | Express | für Spülfaule

## Zutaten

1 Zwiebel
1 Zucchini (ca. 300 g)
2 EL Sonnenblumenöl
1 Knoblauchzehe
200 g Langkornreis (wer mag: Wildreis)
1 Msp. Zimt
200 g Hähnchenbrust
600 ml Gemüsebrühe
100 g würziger Reibekäse, z. B. Gruyère
etwas Salz & Pfeffer

1 Zwiebel schälen und klein hacken. Zucchini putzen und klein würfeln.

2 In einem Topf etwas Öl erhitzen. Zwiebelwürfel und gepressten Knoblauch mit dem Reis andünsten. Zucchiniwürfel sowie Zimt dazugeben, kurz mitbraten, dann mit der Hälfte der Brühe ablöschen. Alles auf kleiner Flamme köcheln, gelegentlich umrühren und Brühe nachgießen, damit der Reis immer bedeckt ist.

3 In der Zwischenzeit die Hähnchenbrust waschen, trocken tupfen und klein schneiden. In etwas Öl in einer Pfanne scharf anbraten und zum Reis geben, kurz bevor er gar ist. Nach dem Ende der Kochzeit den Topf von der Flamme nehmen, den Käse unterrühren und mit Salz und Pfeffer abschmecken.

# Currydilla

2 Portionen · 15 Min · Express · für Spülfaule

## Zutaten

½ rote Paprika
½ Bund Petersilie
1 kleine rote Zwiebel
400 g Hähnchenbrust
1 EL Mehl
2 EL Sonnenblumenöl
etwas Salz & Pfeffer
100 g Maiskörner
4 Weizentortillas
1 TL Currypulver
einige Chiliflocken
4 EL griechischer Naturjoghurt
1 Knoblauchzehe
etwas Zitronensaft

1 Paprika und Petersilie waschen und klein schneiden. Zwiebel schälen und ebenfalls klein würfeln. Hähnchenbrust waschen, trocken tupfen, in dünne Streifen schneiden und mit dem Mehl bestäuben.

2 Das Öl in einer Pfanne erhitzen. Wenn es richtig heiß ist, das Hähnchen darin anbraten. Herausnehmen und mit Salz und Pfeffer würzen.

3 In derselben Pfanne erst die Zwiebeln in etwas Öl dünsten, dann die Paprikawürfel mitbraten. Petersilie und Maiskörner kurz hinzufügen, dann alles zum Hähnchen geben und die Weizentortillas kurz in der noch heißen Pfanne erwärmen.

4 Currypulver, Chiliflocken, Joghurt, gepresste Knoblauchzehe, Zitronensaft sowie etwas Salz und Pfeffer zu einem Dip verrühren.

5 Auf zwei vorgewärmte Teller je eine Tortilla legen, je die Hälfte der Hähnchenmischung darauf verteilen, den Curry-Dip darübergeben und mit einer zweiten Tortilla bedecken.

**Isst du lieber mit der Hand, dann verteil die Füllung auf alle vier Tortillas und wickle sie anschließend zu einem Wrap.**

# Schwedische Köttbullar

2–3 Portionen | 40 Min | Schweden

Rate mal, wo wir das erste Mal Köttbullar gegessen haben? – Nicht in Schweden, sondern nach einem Möbeleinkauf! Auf unserer Reise durch Schweden haben wir dann gelernt, dass der Name des Gerichts komplett anders ausgesprochen wird als gedacht: Schöttbüllar. Hattest du das gewusst?

## Zutaten

2 Toastscheiben
100 ml Milch
1 Zwiebel
1 Knoblauchzehe
1 Ei
1 TL Paprikapulver
½ TL gemahlener Muskat
1 Msp. gemahlener Kardamom
½ TL Paprikapulver
etwas Pfeffer
einige Chiliflocken
1 TL Salz
500 g Rinderhackfleisch
2 EL Sonnenblumenöl
2 EL Weißwein
100 ml Fleischbrühe
200 ml Sahne
2 EL Speisestärke (oder Mehl)
etwas Schnittlauch

1 Den Toast zerzupfen und mit Milch übergießen. Die Zwiebel schälen und fein würfeln. Den eingeweichten Toast etwas ausdrücken.

2 Eingeweichten Toast, die Hälfte der Zwiebeln, die gepresste Knoblauchzehe, das Ei sowie die Gewürze zum Hackfleisch geben und alles gut durchkneten. Aus dem Fleischteig kleine Bällchen formen und in etwas Öl rundherum gut anbraten. Herausnehmen.

3 In derselben Pfanne in etwas Öl die übrigen Zwiebeln andünsten. Mit Weißwein und Brühe ablöschen und Flüssigkeit bis auf zwei Esslöffel einköcheln lassen. Dann die Sahne angießen.

4 Die Hackfleischbällchen mit Speisestärke bestäuben und in die Sahnesauce geben. Gehackten Schnittlauch darüberstreuen und die Sauce köcheln, bis sie eindickt.

**Wir lieben unsere schwedischen Köttbullar mit Kartoffelpüree, Preiselbeermarmelade und Gurkensalat.**

# Pfannen-Burek

3 Bureks | 20 Min | Express | vegetarisch | Balkan

Eine Liebesgeschichte: Börek, Burek, Pita oder Pide werden die mal länglichen, mal aufgerollten gefüllten Teigfladen je nach Balkan-Land genannt. Für uns war es Liebe auf den ersten Bissen. Am allerliebsten mit einem Trinkjoghurt (Ayran) dazu.

## Zutaten

100 g Spinat
1 Zwiebel
2 Knoblauchzehen
100 g Feta
2 Eier
etwas Salz & Pfeffer
3 Yufka-Blätter (aus dem Kühlregal)
6 EL Sonnenblumenöl
6 EL Wasser

1 Spinat waschen, entstielen und grob hacken. Zwiebel schälen und grob hacken, Knoblauch klein schneiden. Feta mit Spinat, Eiern, Zwiebel, Knoblauch, Salz und Pfeffer mischen.

2 Die Yufka-Blätter auf einem feuchten Tuch ausbreiten. Sonnenblumenöl und Wasser verrühren und die Blätter mit der Wasser-Öl-Mischung großzügig bestreichen.

3 Pro Teigblatt ⅓ der Feta-Masse am langen Rand des Teigblatts zu einer »Wurst« verteilen. Durch Anheben des Tuchs den Teig vorsichtig aufrollen und zu einer Schnecke formen. Die Außenseite mit reinem Öl bepinseln.

4 Die Bureks in einer Pfanne beidseitig schön braun braten.

**Anstelle der Yufka-Blätter kannst du auch Strudelteig oder zur Not Blätterteig verwenden. Gut schmecken die Bureks auch mit Hackfleisch gefüllt.**

# Aus dem (Omnia-)Backofen

# Vollkorn-Körnerbrot

1 Brot · 40 Min + 30 Min Gehzeit · vegan

## Zutaten

400 g Vollkornmehl
3 EL Sonnenblumenkerne
3 EL Haferflocken
2 EL Leinsamen
1 ½ TL Salz
21 g frische Hefe
250 ml warmes Wasser
1 TL Zucker

1 Das Mehl mit den Körnern und dem Salz gut vermischen, einige Körner zur Seite legen. Eine Kuhle ins Mehl drücken.

2 Die Hefe im warmen Wasser auflösen und Zucker dazugeben. Die Hefemischung in die Mehlkuhle gießen, 3 Minuten warten. Die Zutaten mischen und zu einem glatten Teig kneten. Diesen mindestens 30 Minuten gehen lassen.

3 Aus dem Teig einen rund 40 cm langen Strang formen. Mit Wasser bepinseln und die zur Seite gelegten Körner auf den Teig drücken. Den Teigstrang in den gut gefetteten Omnia legen und idealerweise nochmals 10 Minuten gehen lassen.

4 Zum Schluss das Brot backen: 8 Minuten bei voller Hitze, dann 10 Minuten mit ca. ⅓ der Flamme. Das Brot vorsichtig wenden und 8 Minuten bei voller Hitze, dann 10 Minuten mit ca. ⅓ der Flamme fertig backen.

**Willst du mit Trockenhefe arbeiten, dann den Zucker weglassen. Für ein Express-Körnerbrot anstelle von Hefe 1 Päckchen Backpulver verwenden und ohne Gehzeit backen.**

**Backen ohne Omnia**

Elektroofen: 30 Minuten bei 200 Grad

Gasofen: 30 Minuten auf Stufe 4

Als Backform am besten eine Frankfurter-Kranz-Form verwenden (Ø 22 cm).

**Backen ohne Omnia**

Elektroofen: 30 Minuten bei 200 Grad

Gasofen: 30 Minuten auf Stufe 4

Als Backform am besten eine Frankfurter-Kranz-Form verwenden (Ø 22 cm).

# Schweizer Butterzopf

1 Zopf | 45 Min + 30 Min Gehzeit | vegetarisch | Schweiz

Warum wir uns einen Omnia zugelegt haben? Ganz einfach: Auf unserer 2 ½-jährigen Reise haben wir gutes Brot teilweise schmerzlich vermisst. Natürlich haben wir mit dem praktischen Gerät sofort unseren Schweizer Butterzopf ausprobiert, der nicht süß ist, aber sehr lecker.

## Zutaten

500 g Weißmehl (am besten Zopfmehl)
1 ½ TL Salz
300 ml Milch
60 g Butter
21 g frische Hefe
1 TL Zucker
1 Eigelb

1 Mehl und Salz mischen, eine Kuhle ins Mehl drücken. Die Milch bei kleiner Hitze erwärmen und die Butter darin schmelzen. Die Hefe in der handwarmen Butter-Milch ebenfalls zerlassen und den Zucker dazugeben. Die Hefemischung in die Mehlkuhle gießen, 3 Minuten warten. Dann alles zu einem glatten Teig kneten und diesen bei Zimmertemperatur mindestens 30 Minuten gehen lassen.

2 Den Teig halbieren und zwei rund 1 m lange Teigstränge formen. Die Stränge in der Mitte über Kreuz legen und abwechselnd den Strang ganz links mit dem zweiten von rechts beziehungsweise den ganz rechts mit dem zweiten von links tauschen. Das fertige Geflecht in den gut gefetteten Omnia geben, mit etwas Wasser befeuchten und nochmals 10 Minuten gehen lassen. Danach den Zopf mit Eigelb bestreichen.

3 Jetzt den Zopf backen: 8 Minuten bei voller Hitze, dann 10 Minuten mit ca. ⅓ der Flamme. Den Zopf vorsichtig wenden und 8 Minuten bei voller Hitze, dann 10 Minuten mit ca. ⅓ der Flamme fertig backen.

Auch bei diesem Rezept kannst du mit Trockenhefe arbeiten, dann den Zucker weglassen.
Für einen Express-Zopf verwendest du anstelle von Hefe 1 Päckchen Backpulver und backst, ohne den Teig aufgehen zu lassen.

# Kräuterbrot

1 Brot | 40 Min + 30 Min Gehzeit | vegetarisch

### Für den Hefeteig

300 g Mehl
1 ½ TL Salz
150 ml lauwarmes Wasser
1 Prise Zucker
21 g frische Hefe
3 EL Olivenöl

### Für die Kräuterfüllung

5 EL frische Kräuter: Basilikum, Rosmarin, Petersilie, Schnittlauch
2 Knoblauchzehen
100 g weiche Butter
100 g würziger Bergkäse
etwas Salz & Pfeffer

1 Für den Teig Mehl und Salz in einer Schüssel mischen und eine Kuhle ins Mehl drücken. Lauwarmes Wasser, Zucker und zerbröselte Hefe in einem Glas mischen und das Hefewasser in die Mehlkuhle gießen. 5 Minuten ruhen lassen, bis das Hefewasser zu schäumen beginnt. Jetzt das Öl hinzugeben und alles gut durchkneten, bis ein elastischer Teig entsteht. Diesen zugedeckt an einem warmen Ort mindestens 30 Minuten ruhen lassen.

2 Für die Füllung die Kräuter waschen, trocken schütteln und klein hacken. Die Knoblauchzehen schälen, pressen und mit der weichen Butter mischen. Den Bergkäse grob reiben.

3 Den Teig ca. 55 cm lang ausrollen oder zurechtziehen und mit der Knoblauchbutter bestreichen. Mit Kräutern und dem geriebenen Käse bestreuen, salzen und pfeffern. Den Teig wie eine Schnecke über die breite Seite aufrollen und die zwei Enden miteinander verbinden. Die Omnia-Form mit Olivenöl bepinseln und den Teigkringel hineinlegen.

4 Das Brot 3 Minuten bei voller Hitze, dann 7 Minuten mit ca. ⅓ der Flamme backen. Anschließend das Brot wenden und 3 Minuten bei voller Hitze, dann 7 Minuten mit ca. ⅓ der Flamme fertig backen.

**Wir essen dieses würzige Kräuterbrot am liebsten zu Gegrilltem und/oder Salat.**
**Unser besonderer Tipp: Beleg den Brotteig mit deinem Lieblings-Pizzabelag anstelle der Kräuterfüllung und back dir ein leckeres Pizzabrot!**

**Backen ohne Omnia**

Elektroofen: 25 Minuten bei 200 Grad

Gasofen: 25 Minuten auf Stufe 4

Als Backform am besten eine Frankfurter-Kranz-Form verwenden (Ø 22 cm).

# Müsliriegel

ca. 8 Stück 30 Min Express vegetarisch

Liest man auf Müsliriegel-Verpackungen nach, was da genau drin ist, vergeht die Lust darauf schnell, finden wir. Und bis man den einen gefunden hat, der auch noch schmeckt, vergehen Jahre. Daher haben wir kurzen Prozess gemacht und backen nun unsere eigenen Müsliriegel.

## Zutaten

60 g Haferflocken
70 g gehackte Nüsse
20 g Sonnenblumenkerne
10 g Leinsamen
4 EL Butter
4 EL Honig
50 g Wunschzutat: Schokolade, getrocknete Früchte etc.
1 Eiweiß
1 Prise Salz

1 Haferflocken, Nüsse, Sonnenblumenkerne und Leinsamen mischen. Butter in der Pfanne schmelzen, etwas abkühlen lassen, den Honig einrühren. Die Kernemischung sowie die Wunschzutat(en) hinzufügen und alles gut vermengen.

2 Das Eiweiß mit einer Prise Salz richtig schön steif schlagen und vorsichtig unter die Masse ziehen. Diese in der Silikonform des Omnia verteilen und gut festpressen. Ohne Silikonform muss der Aluminiumrahmen sehr gut eingebuttert werden.

3 Gebacken wird 6 Minuten auf großer Flamme, dann ca. 15 Minuten auf kleiner Flamme (ca. ⅓ der Hitze). Etwas auskühlen lassen und noch leicht warm Müsliriegel in gewünschter Größe zuschneiden.

**Backen ohne Omnia**

**Elektroofen: 20 Minuten bei 180 Grad**

**Gasofen: 20 Minuten auf Stufe 3**

**Als Backform eine kleine Auflaufform verwenden.**

**Die Müsliriegel sind wahre Energie-Booster! Für uns der perfekte Snack für Wanderungen und sonstige Aktivitäten.**

# Gespickter Nudelauflauf

2–3 Portionen · 45 Min · für Spülfaule

## Zutaten

200 g Nudeln
½ Brokkoli (ca. 300 g)
150 g Pilze, z. B. Champignons
1 Zwiebel
3 Eier
200 ml Sahne
1 TL Salz
etwas Pfeffer
etwas Muskat
200 g Käse
100 g Schinken

1 Die Nudeln in Salzwasser bissfest kochen. Den Brokkoli in Röschen teilen und ca. 4 Minuten vor Garzeitende dazugeben. Pilze und Zwiebel klein schneiden. Die Eier verquirlen und mit Sahne sowie den Gewürzen mischen. Den Käse reiben, den Schinken klein würfeln.

2 Nach Ende der Garzeit Brokkoli und Nudeln abgießen, mit der Hälfte des Käses und allen anderen vorbereiteten Zutaten vermischen und in die Silikonform des Omnia füllen. Falls du keinen Silikonring hast, einfach die Aluminiumform sehr gut fetten und dann die Masse einfüllen. Zum Schluss den restlichen Käse darauf verteilen.

3 Den Auflauf 5 Minuten auf höchster Flamme backen, danach rund 25 Minuten auf halber Flamme.

**Backen ohne Omnia**

**Elektroofen: 30 Minuten bei 220 Grad**

**Gasofen: 30 Minuten auf Stufe 5**

**Als Backform eine Auflaufform verwenden.**

# Karins Brotauflauf

2–3 Portionen | 35 Min | vegetarisch

Diesen Brotauflauf kennt Steffi seit Kindertagen – kein Wunder, denn Karin ist Steffis Mutter. Mittlerweile ist das Rezept auf den Omnia zugeschnitten und so ist der Kindheits-Gaumenschmaus auch auf Reisen mit dabei.

## Zutaten

400 g Brot vom Vortag
100 ml Milch
3 Eier
300 ml Sahne
3 Prisen Salz
3 EL Zucker
100 g gemahlene Haselnüsse

1 Brotreste klein schneiden und in einer Schüssel mit der Milch übergießen. Die Eier verquirlen und mit Sahne sowie Salz mischen.

2 Eine Schicht Brot in den Omnia geben. Die Hälfte des Zuckers sowie der Haselnüsse darüber verteilen. Das restliche Brot einfüllen und mit dem übrigen Zucker und den Haselnüssen bestreuen. Zuletzt den Eier-Sahne-Guss darüber verteilen.

3 Den Auflauf erst 4 Minuten auf voller Hitze, danach auf ca. halber Flamme für rund 25 Minuten backen.

**Backen ohne Omnia**

**Elektroofen: 30 Minuten bei 220 Grad**

**Gasofen: 30 Minuten auf Stufe 5**

**Als Backform eine Auflaufform verwenden.**

**Steffis Lieblingsbeilage zu diesem süßen Brotauflauf ist Apfelmus.**

# Blätterteigring mit Spinat

2–3 Portionen 50 Min

## Zutaten

400 g frischer Blattspinat (oder TK-Ware)
2 Knoblauchzehen
etwas Öl
125 g Mozzarella
60 g Parmesan
2 EL Pinienkerne
1 frischer Blätterteig (lange Seite mind. 40 cm)
200 g Frischkäse
1 Prise Chiliflocken
½ TL Salz
etwas Pfeffer
2 Eier
6 Schinkenscheiben

1 Den Blattspinat waschen und putzen. Falls du gefrorenen verwendest, diesen auftauen und etwas ausdrücken. Spinat mit gepresstem Knoblauch in etwas Öl andünsten, abkühlen lassen. Den Mozzarella klein schneiden, den Parmesan reiben, die Pinienkerne rösten.

2 Den Blätterteig ausrollen und quer vor dich legen – rechts und links ist die kurze Seite, oben und unten die lange. Nun 1 cm breite Streifen von unten bis zur Mitte des Teigs einschneiden (nicht ins Papier schneiden!). Mitzählen, denn du brauchst immer drei Streifen pro Zopf. Die Streifen zu Zöpfen flechten, dabei die Stränge nicht verdrehen. Wenn du fertig bist, den Blätterteig so auf ein Backpapier stürzen, dass die schöne Seite der Zöpfe auf dem Backpapier liegt (später ist sie außen).

3 Ausgekühlten Spinat mit Mozzarella, Parmesan, Pinienkernen, Frischkäse, Chiliflocken, Salz und Pfeffer sowie einem Ei mischen. Das zweite Ei trennen. Rund die Hälfte des Eigelbs zur Seite stellen, du brauchst es später zum Bestreichen. Der Rest des Eis kann auch zum Spinat, aber achtung: Die Mischung sollte nicht zu flüssig sein.

4 Die Spinatmasse auf die nicht eingeschnittene Hälfte des Blätterteigs geben, und zwar ca. 2 cm vom oberen Rand weg in Form einer gleichmäßigen »Wurst«. Nun rollst du den Blätterteig oben beginnend zu den Zöpfen hin auf. Der Teig soll sich schließen, bevor die Zöpfe beginnen. Auf dieser Blätterteigrolle verteilst du nun den Schinken so, dass kein Teig mehr sichtbar ist, dann rollst du den Teig über die Zöpfe hinweg komplett auf. Die Enden der Stränge sollen unten sein. Zuletzt den Teig mit Eigelb bestreichen und vorsichtig in die Silikonform des Omnia legen.
Hast du keine Silikonform, musst du die Aluform sehr gut ölen, bevor du den Teig hineingibst.

5 Den Blätterteigring 5 Minuten auf voller Flamme, danach 25 Minuten bei mittlerer Hitze backen.

**Backen ohne Omnia**

Elektroofen: 25 Minuten bei 220 Grad

Gasofen: 25 Minuten auf Stufe 5

Als Backform am besten eine Frankfurter-Kranz-Form verwenden (Ø 22 cm).

# Vom Feuer

# Fangfrischer Fisch

2 Portionen · 20 Min · Express

## Zutaten

2 Süßwasserfische, z. B. Forellen
½ Tasse Mandeln
6 EL Olivenöl
½ Knoblauchzehe
etwas Zitronensaft
etwas Salz & Pfeffer

1 Die Fische ausnehmen, waschen und trocken tupfen.

2 Die Mandeln hacken und ohne Zugabe von Öl rösten. Olivenöl, gepressten Knoblauch, Zitronensaft, Salz und Pfeffer vermischen. Die gerösteten Mandeln dazugeben.

3 Zwei Stück Alufolie (etwas länger, als die Fische groß sind) bereitlegen und mittig mit etwas Marinade bestreichen. Auf jede Folie einen Fisch legen und die restliche Marinade in sowie auf den Fischen verteilen.

4 Die Alufolien gut verschließen und die Fische bei mittlerer bis hoher Hitze ca. 5 Minuten je Seite auf dem Grill braten. Vom Feuer nehmen und noch kurz ziehen lassen.

In vielen Ländern – gerade in den skandinavischen – kann relativ leicht eine Angellizenz online gekauft werden. Informiere dich einfach bei den Touristenbüros. Dann heißt's »Petri Heil« und später guten Appetit.

# Gefülltes Grillbrot

2 Fladen · 35 Min + 30 Min Gehzeit · vegetarisch

### Für den Hefeteig

½ Würfel frische Hefe
150 ml lauwarmes Wasser
1 Prise Zucker
300 g Mehl
1 ½ TL Salz
3 EL Olivenöl

### Für die Füllung

½ gelbe Paprika
½ Zucchini
1 rote Zwiebel
2 Knoblauchzehen
5 eingelegte Jalapeñoringe
150 g Käse, z. B. Cheddar
2 EL Tomatenmark
etwas Salz & Pfeffer
1 EL Olivenöl
etwas grobes Salz

1 Die Hefe in das lauwarme Wasser bröckeln, den Zucker hinzufügen und alles gut verrühren. Mehl und Salz mischen, eine Kuhle ins Mehl drücken und die Hefemischung hineingießen. Ein paar Minuten warten, bis sich ein Schaum bildet. Dann das Olivenöl dazugeben und alles gute 10 Minuten zu einem geschmeidigen Teig verkneten. Diesen mit einem feuchten Tuch zugedeckt an einem warmen Ort 30 Minuten gehen lassen.

2 In der Zwischenzeit Paprika und Zucchini in Streifen schneiden. Zwiebel, Knoblauch und Jalapeño klein schneiden und den Käse reiben.

3 Den Teig halbieren und zu zwei runden Fladen ausrollen. Jeden Fladen mit Tomatenmark bestreichen und auf einer Hälfte Füllung verteilen. Mit Salz und Pfeffer würzen. Die Fladen nun wie eine Calzone zusammenklappen und die Enden gut zusammendrücken. Mit Olivenöl bestreichen und etwas grobes Salz auf den Fladen verteilen.

4 Die Fladen auf dem heißen Grill je Seite ca. 10 Minuten backen.

Express-Variante

**Für die Express-Variante einfach fertigen Pizzateig nehmen anstelle des selbst gemachten Hefeteigs.**

# Lammkarree mit Couscous-Salat und Mayonnaise

2–3 Portionen   45 Min

Zum Lamm vom Grill ist für uns neben etwas gegrilltem Gemüse Couscous-Salat obligatorisch, daher liefern wir dir das Rezept hier gleich mit.

### Für das Lamm

100 ml dunkles Bier
2 TL Senf
1 TL Zitronensaft
2 EL Olivenöl
600 g Lammkarree

### Für den Couscous-Salat

150 ml kochendes Wasser
½ Zitrone (Saft & Schalenabrieb)
etwas Salz & Pfeffer
2 EL Olivenöl
100 g Couscous
1 Knoblauchzehe
1 TL Paprikapulver
½ rote Paprika
½ Zucchini
8 Cherrytomaten
½ rote Zwiebel
etwas Petersilie
2 EL Weißweinessig
50 g Pinienkerne
50 g Schafskäse (z. B. Feta)

### Für die Mayonnaise

2 Eigelb
1 TL Senf
1 TL Zitronensaft
150 ml Sonnenblumenöl
etwas gehackte Petersilie
etwas Salz & Pfeffer

1 Für das Lamm Bier, Senf, Zitronensaft und Olivenöl vermischen. Das Lammkarree mit der Marinade bestreichen und mindestens 2–3 Stunden im Kühlschrank ruhen lassen (oder über Nacht). 20 Minuten vor dem Grillen aus dem Kühlschrank nehmen.

2 In der Zwischenzeit den Couscous-Salat zubereiten: Kochendes Wasser, Zitronensaft, Salz, Pfeffer und Olivenöl über den Couscous geben und diesen einige Minuten quellen lassen. Gepressten Knoblauch und Paprikapulver unterrühren. Gemüse inklusive Petersilie waschen und klein schneiden. Mit dem Zitronenschalen-Abrieb und dem Essig unter den Couscous ziehen. Pinienkerne rösten, Schafskäse grob zerkleinern. Beides ebenfalls unter den Couscous mischen und alles für mindestens 20 Minuten durchziehen lassen.

3 Jetzt zum Fleisch noch eine Mayonnaise zubereiten: Eigelb mit Senf, Zitronensaft und einer Prise Salz mischen. Das Sonnenblumenöl unter Rühren langsam in die Masse eintröpfeln lassen, bis eine dickflüssige Sauce entsteht. Gehackte Petersilie dazugeben und mit Salz und Pfeffer abschmecken.

4 Mariniertes Lammkarree salzen und 5 Minuten je Seite bei hoher Hitze auf dem Grill anbraten. Kurz vom Feuer nehmen und die Hitze am Grill reduzieren bzw. das Lamm am Rand nochmals für 10 Minuten mit einer Alufolie bedeckt garen lassen. Zusammen mit dem Couscous-Salat und der Mayonnaise servieren.

**So machst du die Garprobe: *Medium rare* entspricht dem Druck des Zeigefingers auf den Handballen, *medium* entspricht dem Druck des Zeigefingers auf den Daumen. Gut zu wissen: In unseren Breiten kriegst du eigentlich nur vorgekochten Couscous, der lediglich wenige Minuten quellen muss. In Marokko beispielsweise ist er unverarbeitet und braucht deutlich länger, bis er gar ist. Schau also immer, was auf der Packung steht.**

# Express-Grillbeilagen

Seit wir unseren Holzkohle-Grill mit Lüfter haben, können wir so schnell mit Grillen loslegen, dass kaum Zeit zum Vorbereiten bleibt. Daher hat sich Steffi auf Express-Grillbeilagen spezialisiert.

## Speck-Zwiebel

5 Min Express für Spülfaule

### Pro Person

1 Frühlingszwiebel
2 Specktranchen

Frühlingszwiebel halbieren und jede Hälfte mit einer Specktranche umwickeln. Auf dem Grill braten, bis der Speck schön knusprig ist.

## Grillkäse-Päckchen

10 Min Express vegetarisch für Spülfaule

### Pro Person

2 Zucchinistreifen
1 Grillkäse
etwas Grillschnur

Mit dem Kartoffelschäler der Länge nach zwei Streifen von der Zucchini ziehen. Die zwei Streifen über Kreuz auf den Grillkäse legen und mit etwas in Wasser getränkter Schnur (reine Baumwolle!) fixieren. Auf den Grill geben, bis die Päckchen Farbe bekommen.

## Rote-Bete-Möhren-Spieß

15 Min Express vegetarisch für Spülfaule

### Pro Person

6 cm Karotte, geschält
1 kleine rote Bete, gekocht
1 EL Olivenöl
½ TL Honig
1 TL Orangensaft
1 Prise Salz

Karotte sowie rote Bete in ca. 1 cm dicke Stücke schneiden und abwechselnd auf einen Holzspieß stecken. Öl, Honig, Orangensaft und Salz vermengen und das Gemüse damit marinieren. Die Gemüsespieße erst bei großer Hitze, nach einigen Minuten bei mittlerer Hitze ca. 10 Minuten grillen.

## Datteln im Speckmantel

5 Min Express für Spülfaule

### Pro Person

4 Datteln
2 Specktranchen

Die Datteln entsteinen. Die Specktranchen halbieren und um die Datteln wickeln. Bei großer Hitze grillen, bis der Speck knusprig ist.

## Champiñones al Jerez

15 Min Express vegan für Spülfaule Spanien

### Zutaten

200 g kleine Champignons
1 kleine Zwiebel
1 Knoblauchzehe
1 kleine Chilischote
etwas Petersilie
2 EL trockener Sherry
2 EL Olivenöl
etwas Salz & Pfeffer

1 Die Pilze putzen, die Stiele abschneiden, Champignons selbst ganz lassen. Die Zwiebel schälen und würfeln. Die Knoblauchzehe pressen. Die Chilischote sowie die Petersilie klein schneiden.

2 Alle Zutaten mischen und in eine Alufolie oder Grillschale packen. Ca. 10 Minuten auf dem Grill bei hoher Hitze grillen – Alufolien-Päckchen auch gerne zwischendurch wenden.

1/2
500
LITER / LITRE / LITER
400
300
1/4
200
ccm
100

# Desserts

# Schicht-Dessert mit Früchten und Sahne

2 Portionen · 15 Min · Express · vegetarisch · für Spülfaule

## Zutaten

100 g Krümeliges wie Brownies, Kuchen, Cookies, Kekse
100 ml Sahne
1 EL Puderzucker
100 g Fruchtiges wie Erdbeeren, Pfirsich, Äpfel, Heidelbeeren
2 Mini-Baisers (Meringues) nach Belieben

1 Brownies, Kuchen oder Cookies zerkrümeln und zwei Gläser zu jeweils etwa einem Viertel damit füllen. Die Sahne mit dem Puderzucker steif schlagen. Die Krümelmasse damit vollständig bedecken, sodass die Gläser nun etwa halb voll sind.

2 Die Früchte klein schneiden. Die Früchte und/oder Beeren über der Sahne verteilen. Obendrauf jeweils ein kleines Baiser setzen oder alternativ einen Klecks Sahne. Das Schicht-Dessert sofort genießen oder bis zum Verzehr kühl stellen.

# Steffis Kaiserinnenschmarrn

2–3 Portionen 25 Min Express vegetarisch Österreich

Traditionell wird Kaiserschmarrn mit Rosinen zubereitet. Wir mögen keine Rosinen, daher hat Steffi sie kurzerhand durch Schokoladenwürfel ersetzt und die Kreation Kaiserinnenschmarrn getauft.

## Zutaten

2 Eier
30 g Zucker
1 Prise Salz
200 ml Milch
100 g Weißmehl
30 g Butter
30 g Schokoladenwürfel
etwas Puderzucker

1 Die Eier trennen. Eigelb mit Zucker und Salz schaumig rühren. Die Milch dazugeben, dann das Mehl unterziehen. Eiweiß steif schlagen und ebenfalls unter die Ei-Mehl-Masse ziehen.

2 Etwas Butter in der Bratpfanne zerlassen und die Hälfte des Teiges hineingeben. Die Hälfte der Schokoladenwürfel daraufstreuen und den Teig bei mittlerer Hitze backen, bis er unten braun wird. Wenden und nach einer Minute beginnen, den Teig mit zwei Gabeln in Stücke zu reißen. Auf einen Teller geben.

3 Die zweite Portion genau gleich zubereiten. Zum Schluss den Schmarrn mit Puderzucker bestäuben und servieren.

# Slowenische Štruklji mit Walnüssen

2 Portionen | 1 Std + 30 Min Kochzeit | vegetarisch | Slowenien

Steffis Bekannte aus Slowenien empfahl uns beim gemeinsamen Restaurantbesuch in Ljubljana Štruklji zu probieren. Seit da lieben wir die süsslichen Teigrollen und geben dir hier gerne gleich zwei Rezepte weiter. Die Zubereitung dauert, aber lohnt sich.

### Für den Teig

100 g Buchweizenmehl
50 g Weißmehl
1 Ei
1 EL Sonnenblumenöl
25 ml heißes Wasser
1 TL Salz

### Für die Füllung

150 g Walnüsse, geröstet & gehackt
30 g Rohrohrzucker
150 g Ricotta
etwas Zitronenschalte & -saft

1 Alle Zutaten für den Teig mischen und gut verkneten. Den Teig bei Zimmertemperatur 30 Minuten ruhen lassen.

2 Für die Füllung die gerösteten und pürierten (oder zumindest klein gehackten) Walnüsse mit Zucker, Ricotta, Zitronenschale und -saft vermischen.

3 Den Teig ausrollen oder zurechtziehen – er soll ca. 30 cm lang und 15 cm breit sein. Die Füllung auf dem Teig verteilen und diesen eng aufrollen. Die Enden verschließen und den Teig in ein sauberes Baumwolltuch wickeln.

4 In einem großen Kochtopf reichlich Salzwasser zum Kochen bringen. Teigrolle im Tuch hineingeben (sie muss komplett im Wasser sein) und rund 30 Minuten leicht köcheln lassen. Hast du keinen großen Kochtopf dabei, teilst du die Rolle in zwei Hälften, dann sollte sie auch Platz in einem kleineren Topf haben.

5 Nach dem Kochen die Rolle herausnehmen und den Teig in ca. 2 cm dicke Scheiben schneiden. Die Teigscheiben kurz beidseitig in Butter anbraten.

**Zu den Štruklji mit Walnüssen schmeckt Vanilleeis mit Schlagsahne himmlisch gut.**

# Slowenische Štruklji mit Frischkäse

2 Portionen | 1 Std + 30 Min Kochzeit | vegetarisch | Slowenien

### Für den Teig

150 g Weißmehl
1 Ei
1 EL Sonnenblumenöl
25 ml heißes Wasser
1 TL Salz

### Für die Füllung

50 g Paniermehl
15 g Butter
150 g Ricotta
1 EL Sauerrahm
1 Pck. Vanillezucker

1 Die Teigzutaten mischen und gut verkneten. Den Teig bei Zimmertemperatur 30 Minuten ruhen lassen.

2 Das Paniermehl in der Butter goldgelb rösten. Die Hälfte der gerösteten Brösel mit Ricotta, Sauerrahm sowie Vanillezucker vermischen, die andere Hälfte beiseitestellen.

3 Den Teig ausrollen oder zurechtziehen – er soll ca. 30 cm lang und 15 cm breit sein. Die Füllung auf dem Teig verteilen und diesen eng aufrollen. Die Enden verschließen und den Teig in ein sauberes Baumwolltuch wickeln.

4 In einem großen Kochtopf reichlich Salzwasser zum Kochen bringen. Teigrolle im Tuch hineingeben (sie muss komplett im Wasser sein) und rund 30 Minuten leicht köcheln lassen. Hast du keinen großen Kochtopf dabei, teilst du die Rolle in zwei Hälften, dann sollte sie auch Platz in einem kleineren Topf haben.

5 Nach dem Kochen die Rolle herausnehmen und den Teig in ca. 2 cm dicke Scheiben schneiden. Die Teigscheiben kurz beidseitig in Butter anbraten und die übrigen gerösteten Brösel darauf verteilen.

**Die Štruklji mit Frischkäse kannst du entweder auf die süße Art mit einem Beerenkompott genießen oder pikant mit zum Beispiel einem gemischten Salat.**

OPEL
2.8 DTI

# Esthers Götterspeise

2 Portionen | 20 Min + 2 Std Kühlzeit | Express | vegetarisch

Seit seiner Kindheit gibt es für Lui von seiner Mutter Esther zum Geburtstag eine Schüssel Götterspeise. Bis heute ist dieses spezielle Dessert ausschließlich diesem besonderen Tag vorbehalten.

## Zutaten

150 ml Milch
2 EL Speisestärke
1 TL Kakaopulver
1 EL Zucker
60 g dunkle Schokolade, gehackt
150 ml Sahne
9 Zwieback
12 EL Apfelmus

1 Milch, Speisestärke, Kakaopulver und Zucker unter Rühren aufkochen. Dickt die Masse ein, die gehackte Schokolade dazugeben und in der Creme schmelzen.

2 Während die Masse auskühlt, die Sahne steif schlagen und den Zwieback grob zerkleinern. Die Schlagsahne unter die abgekühlte Masse ziehen.

3 Nun kann geschichtet werden. Erst je eine Schicht Zwieback in zwei Gläser geben, dann Apfelmus und schlussendlich Schokoladenpudding. In der Reihenfolge auffüllen, bis die Gläser voll sind.

4 Die Götterspeise für mindestens zwei Stunden kalt stellen, sie schmeckt aber nach ein bis zwei Tagen noch besser.

# Thurgauer Süßmostcreme

2 Portionen · 15 Min + 1 Std Kühlzeit · Express · vegetarisch · für Spülfaule · Schweiz

## Zutaten

250 ml naturtrüber Apfelsaft
1 EL Maisstärke
1 sehr frisches Ei
1 EL Zucker
etwas Zitronensaft
80 ml Sahne

1 Apfelsaft (auf Schweizerdeutsch: Süßmost), Maisstärke, Ei, Zucker und einen Spritzer Zitronensaft bei mittlerer Hitze und unter ständigem Rühren aufkochen. Dickt die Masse ein, sofort von der Flamme nehmen und noch etwas weiterrühren. Durch ein Sieb in zwei Gläser abgießen und diese mindestens eine Stunde kalt stellen.

2 Kurz vor dem Servieren die Sahne steif schlagen und unter die Creme ziehen. 1 TL davon je Glas als Dekoration verwenden.

**Unser Dekorations-Tipp: 50 Gramm Zucker in 20 ml Wasser ohne umzurühren aufkochen, bis die Masse braun wird (karamellisiert). Apfelschnitze darin eintunken oder Netze mittels einer Gabel kreieren. Achtung, die Zuckermasse ist extrem heiß! Die Pfanne danach sofort in warmem Wasser einweichen.**

# Express-Schokoladenmousse

2 Portionen | 15 Min + 30 Min Kühlzeit | Express | vegetarisch | für Spülfaule

## Zutaten

100 g dunkle Schokolade
150 ml Sahne
1 EL Zucker

1 Die Schokolade in etwa einem Drittel der Sahne auf kleiner Hitze schmelzen. Mit der restlichen Sahne sowie dem Zucker mischen und die Schokoladensahne für 30 Minuten in den Tiefkühler stellen – alternativ für ca. 4 Stunden in den Kühlschrank.

2 Ist die Schokosahne schön kalt, diese mit einem Schneebesen steif schlagen. Mit Sahne oder Beeren garniert sofort servieren.

Statt dunkler Schokolade kannst du auch Milchschokolade, weiße Schokolade, Pralinen, Schokoaufstriche etc. verwenden. Dann aber den Zucker weglassen.

# Himbeertorte ohne Backen

1 Torte (Ø 18 cm) | 20 Min + 3 Std Kühlzeit | Express | vegetarisch

## Zutaten

100 g Butterkekse
70 g Butter
100 g Frischkäse
100 ml Sahne
3 EL Schokoladenpulver
150 g Himbeeren
1 TL Agar-Agar
2 EL Zucker (am besten Puderzucker)
1 EL Vanillezucker
1 EL Zitronensaft

1 Die Butterkekse zerbröseln – entweder in einem Küchenhäcksler oder in ein Küchentuch packen und mit der Faust sachte daraufschlagen. Die Butter schmelzen, etwas auskühlen lassen und mit den Bröseln vermischen. Eine Aufbewahrungsdose mit ca. 18 cm Durchmesser mit Backpapier, Alufolie oder Frischhaltefolie auslegen und die Brösel darin verteilen. Sehr gut am Boden festdrücken – am besten ein Glas zu Hilfe nehmen.

2 2 EL Frischkäse sowie 2 EL ungeschlagene Sahne mit dem Schokoladenpulver mischen. Vorsichtig auf dem Tortenboden verteilen.

3 Die Himbeeren waschen und schlechte Stellen wegschneiden. Sechs schöne Himbeeren zur Dekoration auf die Seite legen, restliche in einem Topf 2–3 Minuten köcheln und anschließend durch ein Sieb drücken – die Kerne sollen vom Fruchtfleisch getrennt werden.

4 Himbeeren zurück in den Topf geben und das Agar-Agar hinzufügen. Unbedingt die Packungsanleitung beachten. Die Menge soll für ca. 200 ml Flüssigkeit reichen. Himbeermasse nochmals kurz aufkochen, vom Feuer nehmen und mit Frischkäse, Zucker, Vanillezucker sowie Zitronensaft mischen.

5 Die restliche Sahne steif schlagen und ebenfalls unter die Masse ziehen – etwas Sahne zur Dekoration aufsparen. Nun die Himbeermasse auf dem Tortenboden gleichmäßig verteilen. Zur Dekoration können ein paar in Sahnekleckse gesteckte Himbeeren dienen. Die Torte für gute 3 Stunden in den Kühlschrank stellen.

**Probier die Torte auch mal mit anderen Beeren oder weichen Früchten – deiner Fantasie sind kaum Grenzen gesetzt!**

**Backen ohne Omnia**

Elektroofen: 20 Minuten bei 200 Grad

Gasofen: 20 Minuten auf Stufe 4

Als Backform am besten eine Frankfurter-Kranz-Form verwenden (Ø 22 cm).

# Mustikkapiirakka – Blaubeerkuchen

1 Kuchen  35 Min  vegetarisch  Finnland

Als wir im Spätsommer Finnland einmal komplett von Nord nach Süd durchquert haben, waren wir auch oft wandern. Ein paar Kilometer lang konnte Steffi die Finger von den prall behangenen Heidelbeersträuchern lassen, dann hat sie aufgegeben – und noch am selben Abend aus den selbst gesammelten Beeren ihren ersten Mustikkapiirakka gebacken. Bis heute zählt der köstliche Kuchen zu unseren Favoriten.

## Zutaten

110 g Zucker
3 Eier
200 g Crème fraîche (oder Sauerrahm)
70 g weiche Butter
130 g Mehl
200 ml Sahne
1 TL Backpulver
1 Pck Vanillezucker
200 g Blaubeeren

1 2 EL Zucker und 1 Ei mit der Crème fraîche vermischen, zur Seite stellen. Für die Streusel 1 EL weiche Butter (Zimmertemperatur), 2 EL Mehl sowie 2 EL Zucker mischen und zerbröseln.

2 Den restlichen Zucker mit den zwei Eiern schaumig rühren, bis die Masse hell wird. Die Hälfte der Sahne sowie die restliche Butter dazugeben und gut mischen.

3 Restliches Mehl, Backpulver und die Hälfte des Vanillezuckers vermengen und unter die Eiermasse ziehen. Den Teig in der Silikonform des Omnia verteilen (ohne Silikoneinsatz die Alu-Form sehr gut einbuttern und mit Mehl bestäuben) und am inneren sowie äußeren Rand etwas hochstreichen. Es soll eine kleine Mulde entstehen. In diese die vorbereitete Crème-fraîche-Masse geben.

4 Die Blaubeeren – selbst gesammelte schmecken übrigens viel besser als gekaufte – waschen und säubern. Die Beeren auf dem Teig verteilen und die zerbröselte Streuselmasse obendrauf verteilen.

5 Den Kuchen 5 Minuten auf höchster Flamme, danach 15 Minuten bei mittlerer Hitze backen. Mach am besten die Garprobe am Rand mit einem Holzstäbchen: Klebt nichts mehr dran, ist der Kuchen fertig.

6 Vor dem Servieren die übrige Sahne mit dem restlichen Vanillezucker steif schlagen und zu jedem Stück Kuchen einen Klecks Vanillesahne reichen.

# Dank

Am Ende angelangt und doch noch nicht vorbei. Denn falls du dich tatsächlich schon durch die ganzen Rezepte gekocht sowie gebacken hast, kannst du beruhigt wieder von vorne beginnen.

Wir aber möchten diese letzten Zeilen nutzen, um uns zu bedanken. Bei unseren Familien, die uns während Monaten nicht mehr zum Essen einladen durften, sondern nur noch bei uns essen konnten. Steffi bedankt sich bei Lui, dass er ohne Murren oftmals nur noch lauwarme Gerichte verputzt hat und beim Aufräumen der Küche so tatkräftig mitgeholfen hat. Lui bedankt sich hingegen bei Steffi für die vielen leckeren Gerichte von nah und fern, die ihn des Öfteren gedanklich zurück an Orte unserer Reise gebracht haben. Wir bedanken uns auch beim Bruckmann Verlag und den Mitarbeiterinnen und Mitarbeitern, die dahinterstecken, dass wir dieses Projekt gemeinsam umsetzen konnten. Und nicht zuletzt bedanken wir uns bei dir, liebe Leserin oder lieber Leser, dass du unsere Arbeit mit dem Kauf dieses Werkes unterstützt.

Eigentlich wollten wir jedes Gericht in unserem Campervan kochen und anschliessend mit wechselnder Hintergrundkulisse vom Meer, über Berge oder Wälder fotografieren. Entstanden ist das Werk nun zu über drei Vierteln in der heimischen Küche – einerseits wegen COVID19-bedingten Reiseeinschränkungen, andererseits aber auch, weil wir mit dem Ausbau unseres Campervans nicht so schnell vorwärtsgekommen sind, wie gewünscht. Doch bald sind hoffentlich beide Punkte abgehakt und die Reise kann weitergehen.

Daher unser aller letzter Tipp für dich: Schau gerne unter comewithus2 auf unserem Blog, YouTube-Kanal, Facebook-, Instagram- oder Twitter-Profil vorbei. Du findest dort nicht nur weitere Rezepte, sondern auch Reiseinspiration durch ganz Europa – die es übrigens auch in Buchform zu erwerben gibt.

Herzliche Grüsse

Steffi & Lui
auch bekannt als comewithus2.com

# Rezeptregister

# Impressum

Verantwortlich: Kerstin Thiele
Lektorat: Michaela Zelfel
Umschlaggestaltung: Sophie Schillo
Layout und Satz: Silke Schüler
Repro: LUDWIG:media
Herstellung: Anna Katavic
Printed in Turkiye by Elma Basim

★★★★★

**Sind Sie mit diesem Titel zufrieden? Dann würden wir uns über Ihre Weiterempfehlung freuen.** Erzählen Sie es im Freundeskreis, berichten Sie Ihrem Buchhändler, oder bewerten Sie bei Onlinekauf. Und wenn Sie Kritik, Korrekturen, Aktualisierungen haben, freuen wir uns über Ihre Nachricht an Bruckmann Verlag, Postfach 40 02 09, D-80702 München oder per E-Mail an lektorat@verlagshaus.de.

Unser komplettes Programm finden Sie unter

www.bruckmann.de



In diesem Buch wird aus Gründen der besseren Lesbarkeit das generische Maskulinum verwendet. Weibliche und anderweitige Geschlechteridentitäten werden dabei ausdrücklich mitgemeint, soweit es für die Aussage erforderlich ist.

Bildnachweis: Alle Bilder im Innenteil und auf den Umschlagrückseiten stammen von den Autoren, außer S. 156/157 Dominik Krause; Illustrationen: Shutterstock/Peacefully7, davooda, kuroksta.

Die Deutsche Nationalbibliothek verzeichnet diese Publikation in der Deutschen Nationalbibliografie; detaillierte bibliografische Daten sind im Internet über http://dnb.d-nb.de abrufbar.

3. aktualisierte Neuauflage


ISBN 978-3-7343-2096-5

# Über die Autoren

Mit dem Campervan durch ganz Europa, das haben **Stephanie Rickenbacher** und **Lui Eigenmann** während 2.5 Jahren Vollzeit gemacht. Klar, dass bei einer so langen Reise auch Essen eine wichtige Rolle spielte. Und so gab es mal Heimweh-Gerichte, mal schnelle Menüs oder Leckeres aus selber Gesammeltem wie Beeren oder Pilzen. Aber auch die kulinarischen Einflüsse der bereisten Länder fanden immer mehr Einzug in die Camper-Küche und spätestens mit der Anschaffung des Omnias – Mini-Backofen für den Gasherd – gab es nichts, was die zwei nicht aus der rollenden Küche zubereiten konnten. Als schließlich die Frage >>Wie kocht ihr eigentlich im Bus?<< immer häufiger wurde und die Schweizer nicht wussten, warum man denn im Camper anders kochen sollte, als Zuhause, war klar, dass sie Einblick in ihre Rezepte geben wollten. Denn egal ob es schnell gehen, vegan, vegetarisch oder mit Fleisch sein oder wenig Abwasch geben soll, in diesem Buch finden sich Rezepte für jede Situation.